La Révolution Hyperloop

AURORA AMORIS

LA RÉVOLUTION HYPERLOOP

La Nouvelle ère du Voyage Terrestre

2025

La Révolution Hyperloop

Aurora Amoris

CONTENU

CHAPITRE 1

Hyperloop: l'avenir des transports

1.1. Définition de la technologie Hyperloop

La génération Hyperloop fait référence à une machine de transport terrestre à grande vitesse qui utilise un tube à faible contrainte pour déplacer des capsules pressurisées à des vitesses extrêmement élevées. Ces capsules, également appelées capsules, se déplacent dans des tubes internes sous vide quasi-total, réduisant considérablement la résistance de l'air et les frottements, permettant ainsi des vitesses extraordinaires pour les déplacements terrestres. Cette machine est conçue pour être particulièrement écologique, utilisant la sustentation magnétique (maglev) ou des coussins d'air pour permettre aux capsules de se déplacer silencieusement et avec une consommation d'énergie minimale.

À la base, le concept Hyperloop fusionne plusieurs technologies avancées. Un système Hyperloop classique est équipé d'un tube ou d'un réseau de tubes scellés à travers lesquels une capsule peut se déplacer sans résistance ni frottement. La capsule est maintenue en lévitation grâce à des champs magnétiques (suspension électromagnétique ou électrodynamique) ou grâce à un coussin d'air créé par des compresseurs embarqués. La propulsion est assurée par des moteurs électriques linéaires qui propulsent la capsule à des niveaux successifs tout au long du tube.

Le concept de l'Hyperloop a été popularisé en 2013 par Elon Musk grâce à un livre blanc publié par SpaceX, même si l'idée s'inspire des avancées technologiques des systèmes de transport sous vide et pneumatiques remontant au XIXe siècle. Ce qui distingue l' Hyperloop des précédentes tentatives réside dans la combinaison de technologies modernes – notamment des ressources en énergies renouvelables, des systèmes de contrôle pilotés par l'IA, des matériaux de pointe et un fonctionnement autonome – pour créer un réseau de transport évolutif, écologique et durable.

En minimisant le contact entre le véhicule et la voie ferrée, les systèmes Hyperloop visent à atteindre des vitesses supérieures à 1 000 kilomètres-heure (994 km/h), réduisant ainsi les temps de trajet entre les grandes villes de quelques heures à quelques minutes. Grâce à l'étanchéité des tubes, le système est également protégé des intempéries et des perturbations environnementales extérieures, offrant un niveau de fiabilité rarement atteint avec les transports traditionnels.

L'ère de l'Hyperloop ne se limite pas à une simple évolution en termes de vitesse, mais aussi de durabilité et de sécurité. Grâce à l'utilisation de la propulsion électrique et à un recours potentiel aux énergies renouvelables, elle offre une alternative écologique aux systèmes de transport basés sur le gaz fossile. De plus, son infrastructure fermée est conçue pour limiter les risques de blessures dues aux erreurs humaines, aux conditions naturelles ou au climat.

La technologie Hyperloop représente une révolution dans le domaine des transports, combinant tubes à vide, suspension à sustentation magnétique (ou à coussin d'air) et propulsion électrique pour offrir un transport ultrarapide, écologique et respectueux de l'environnement. Bien qu'encore au stade expérimental et de développement, elle a captivé l'intérêt des gouvernements, des entreprises privées et des chercheurs du monde entier, et plusieurs projets sont en cours pour concrétiser cette vision futuriste.

1.2. Les premières idées et les premiers développements

Les origines de la technologie Hyperloop remontent à des concepts de transport remontant au XIXe siècle. L'idée fondatrice – propulser une pilule ou une capsule dans un tube à faible contrainte pour réduire la résistance de l'air – a été évoquée pour la première fois dans les premiers systèmes de tubes pneumatiques utilisés dans les transports postaux. Au XIXe siècle, des inventeurs comme George Medhurst ont imaginé les chemins de fer atmosphériques, utilisant la pression de l'air pour propulser des wagons dans des tubes étanches. Bien que rudimentaires et limités par la technologie de l'époque, ces premiers essais ont jeté les bases des concepts de transport à grande vitesse qui allaient suivre.

Un prédécesseur direct de l'Hyperloop, plus important, est apparu au XXe siècle. Dans les années 1970, chercheurs et ingénieurs ont proposé des concepts tels que le « vactrain » (abréviation de train à vide) qui permettait aux nacelles de passagers de voyager dans des tubes sous vide à des vitesses quasi-soniques. Robert M. Salter, de la RAND Corporation, a beaucoup écrit sur ce concept, explorant sa faisabilité pour des programmes militaires et civils. À l'époque, le principal défi restait de repousser les limites technologiques, notamment pour atteindre et maintenir des conditions de vide sur de longues distances et pour gérer efficacement les systèmes de propulsion et de freinage.

Le tournant décisif pour Hyperloop a eu lieu en 2013, lorsqu'Elon Musk, PDG de Tesla et SpaceX, a publié un livre blanc intitulé « Hyperloop Alpha ». Dans ce document, Musk proposait un cinquième mode de transport – après l'automobile, l'avion, le bateau et le train – plus rapide, plus sûr et plus économe en énergie. Son idée combinait la sustentation magnétique (maglev) et des tubes à faible contrainte pour permettre aux capsules de se déplacer à des vitesses supérieures à 1 120 km/h. Contrairement aux précédentes propositions de trains électriques, le concept de Musk mettait l'accent sur la performance énergétique, le rapport qualité-prix et la praticité dans les environnements urbains modernes.

La méthode open source adoptée par Musk pour partager le livre blanc sur l'Hyperloop Alpha a suscité un intérêt mondial parmi les ingénieurs, les chercheurs et les spécialistes du marketing. De nombreuses startups ont émergé pour concrétiser le projet. Des entreprises comme Virgin Hyperloop (anciennement Hyperloop One), Hardt Hyperloop, TransPod et Zeleros ont commencé à développer des prototypes grandeur nature et des pistes d'essai pour valider la technologie. Ces projets ont transformé l'Hyperloop, autrefois concept futuriste, en un domaine d'innovation et d'expérimentation dynamique.

Parallèlement, les établissements universitaires et les groupes de chercheurs ont contribué à cette dynamique. Le concours SpaceX Hyperloop Pod, lancé en 2015, invitait des équipes universitaires à concevoir et à construire des prototypes de pods, favorisant ainsi une nouvelle génération d'ingénieurs et ouvrant la voie à de nouvelles tendances. Ces concours ont non seulement permis de tester la faisabilité de la technologie de base, mais ont également permis des améliorations significatives des systèmes de propulsion, de protection, de freinage et de lévitation.

Les premières idées et tendances de l'ère Hyperloop puisent leurs racines dans des théories de transport vieilles de plusieurs siècles, réinventées grâce à l'ingénierie et à l'innovation du XXIe siècle. La fusion des principes des tubes à vide avec les systèmes modernes de sustentation et de propulsion magnétiques a transformé un concept autrefois fantaisiste en un objectif concret, passant progressivement des plans théoriques aux applications concrètes.

1.3. Processus de recherche et développement pour Hyperloop

Le processus de recherche et développement de la technologie Hyperloop est un parcours complexe, façonné par des concepts visionnaires, des défis d'ingénierie et des collaborations multidisciplinaires. Ce qui a débuté comme une proposition théorique s'est transformé en une compétition technologique mondiale. Ce processus peut être mieux compris en retraçant les phases clés de son développement, des études de faisabilité initiales aux prototypes grandeur nature et aux préparatifs réglementaires.

Les origines de la recherche et du développement d'Hyperloop sont souvent liées au livre blanc d'Elon Musk de 2013, qui présentait un système de transport à grande vitesse basé sur des tubes à basse pression et la lévitation magnétique. Si Musk lui-même a encouragé d'autres à développer le concept, des entreprises comme Virgin Hyperloop, Hyperloop Transportation Technologies (HTT), Hardt Hyperloop et TransPod ont relevé le défi. Ces entreprises ont mis en place des laboratoires et des pistes d'essai, attirant des talents internationaux issus de domaines tels que l'ingénierie aérospatiale, les systèmes de vide, la science des matériaux et l'intelligence artificielle.

L'une des premières priorités du processus de R&D était le développement de l'infrastructure du tube. Les ingénieurs devaient évaluer des matériaux capables de résister aux différences de pression atmosphérique, à la dilatation thermique et aux contraintes environnementales externes. Cela a conduit à l'exploration d'alliages d'acier, de composites en fibre de carbone et d'autres matériaux offrant un équilibre entre résistance, durabilité et coût. De plus, la conception des tubes devait tenir compte de l'activité sismique, des variations de terrain et de l'impact environnemental, ce qui a donné lieu à des études géotechniques et à des innovations en génie civil.

Parallèlement à la conception de l'infrastructure, une part importante du processus de R&D s'est concentrée sur le système de propulsion. Les moteurs à induction linéaire et les technologies de sustentation magnétique (maglev) ont été adaptés et modifiés pour s'adapter à l'environnement du tube. Le défi consistait non seulement à obtenir une propulsion à grande vitesse, mais aussi à garantir un contrôle précis, la sécurité et un gaspillage d'énergie minimal. Cela a nécessité le développement d'algorithmes de contrôle sophistiqués, de systèmes de sécurité redondants et d'innovations en matière de confinement des champs électromagnétiques.

La technologie du vide a représenté une autre frontière. Le concept Hyperloop nécessite de maintenir un état de quasi-vide à l'intérieur du tube afin de minimiser la résistance de l'air.

Chercheurs et ingénieurs ont développé des pompes à vide capables de maintenir une pression ultra-basse sur de longues distances. Cela a nécessité une collaboration avec des fabricants d'équipements de vide industriels et la mise en œuvre de systèmes de surveillance en temps réel pour détecter les fluctuations de pression ou les fuites.

La sécurité et le confort des passagers ont également été au cœur des efforts de développement. Les recherches sur la tolérance humaine à l'accélération, à la décélération et aux conditions environnementales à l'intérieur des nacelles ont conduit à la conception de sièges ergonomiques, de systèmes d'amortissement des vibrations et de systèmes de survie. Les prototypes ont été testés par des simulations de collision, des essais en sas et des scénarios d'urgence afin de garantir leur robustesse dans toutes les conditions possibles.

Le processus de R&D s'est étendu aux domaines numériques. L'intelligence artificielle et les modèles d'apprentissage automatique ont été utilisés pour optimiser la planification des itinéraires, la consommation énergétique et la maintenance prédictive. Des jumeaux numériques – répliques virtuelles des systèmes Hyperloop – ont permis aux ingénieurs de simuler et d'affiner les opérations avant la mise en œuvre physique, gagnant ainsi du temps et réduisant les risques.

Les installations d'essai ont joué un rôle crucial dans le processus de R&D. Les entreprises ont mis en place diverses pistes d'essai, comme DevLoop au Nevada, ainsi que des installations aux Pays-Bas, au Canada et en Inde. Ces sites d'essai ont permis de tester en conditions réelles les systèmes d'accélération, de lévitation, de freinage et d'amarrage des nacelles. Chaque essai réussi a permis d'orienter la conception suivante, contribuant ainsi à un cycle d'amélioration continue.

La collaboration avec les universités et les instituts de recherche est devenue un atout stratégique. Les partenariats universitaires ont permis l'accès à des laboratoires de pointe et offert un environnement propice à la modélisation théorique et à la validation par les pairs. Des concours comme le SpaceX Hyperloop Pod Competition ont encouragé l'innovation menée par les étudiants, apportant des idées nouvelles et accélérant les progrès.

Le développement réglementaire s'est déroulé parallèlement à la R&D technique. L'Hyperloop représentant une nouvelle catégorie de transport, les entreprises ont travaillé en étroite collaboration avec les agences gouvernementales pour définir les protocoles de sécurité, les évaluations environnementales et les cadres juridiques. Des « bacs à sable » réglementaires ont été mis en place dans certaines régions, permettant une exploitation expérimentale sous surveillance pendant l'élaboration des normes complètes.

Le financement est un facteur omniprésent dans le processus de R&D. Les exigences financières élevées des projets Hyperloop nécessitent une combinaison de capital-risque, de subventions gouvernementales et de partenariats public-privé. La planification financière est essentielle pour maintenir la dynamique et éviter la stagnation entre les phases de test.

Aujourd'hui, la recherche et le développement de la technologie Hyperloop se trouvent à un tournant. Bien qu'aucun système de transport de passagers à grande échelle ne soit encore opérationnel, les progrès réalisés en matière d'essais, de conception technique et de collaboration internationale laissent penser que l'Hyperloop pourrait passer du concept à la réalité d'ici dix ans. Le processus de R&D a non seulement fait progresser la technologie, mais a également remodelé la vision mondiale de l'avenir des transports, alliant science, développement durable et innovation systémique au sein d'une même idée transformatrice.

1.4. Principales caractéristiques de la technologie Hyperloop

L'ère Hyperloop représente une innovation révolutionnaire qui redéfinit l'avenir des transports en alliant vitesse, performance et durabilité de manière inégalée. L'Hyperloop fonctionne grâce au transport de passagers ou de marchandises dans des tubes sous vide quasi total, réduisant considérablement la résistance de l'air et permettant des vitesses remarquablement élevées avec un effort minimal. Cette caractéristique fondamentale distingue Hyperloop de tout mode de transport terrestre conventionnel.

L'un des atouts majeurs de l'Hyperloop est son moteur à tube à vide. Grâce à un environnement où la pression de l'air à l'intérieur du tube est considérablement réduite, souvent jusqu'à 99 %, les capsules subissent une traînée aérodynamique minimale. Cette réduction de résistance permet non seulement aux capsules d'atteindre des vitesses supérieures à 1 000 kilomètres-heure, mais réduit également considérablement la force nécessaire pour maintenir ces vitesses. Contrairement aux trains ou moteurs conventionnels qui luttent contre les frottements et les turbulences atmosphériques, les capsules Hyperloop flottent près des surfaces, promettant des trajets plus fluides et plus silencieux pour les passagers.

Une autre fonction importante réside dans les systèmes de propulsion et de lévitation électromagnétiques qui équipent les nacelles Hyperloop. Au lieu de roues ou de rails conventionnels, Hyperloop utilise la technologie de lévitation magnétique qui permet aux médicaments de glisser juste au-dessus de la surface du tube. Cette suspension quasi sans frottement garantit une usure mécanique minimale et optimise les performances énergétiques. La propulsion est assurée par des chariots linéaires qui génèrent des champs électromagnétiques, accélérant les nacelles avec fluidité et précision le long du tube. Cette combinaison de lévitation et de propulsion magnétiques augmente non seulement la vitesse, mais améliore également considérablement le confort de voyage en éliminant les vibrations et les secousses inhérentes au transport ferroviaire traditionnel.

Vitesse et performance énergétique sont indissociables dans la conception de l'Hyperloop. Si les avions et les trains à grande vitesse ont établi des références en matière de transport rapide, l'Hyperloop vise à les surpasser en offrant des vitesses comparables, voire supérieures, avec une consommation d'énergie nettement inférieure. L'intégration de tubes à vide et d'un système de propulsion électromagnétique minimise les pertes d'énergie et, combiné à des sources d'énergie renouvelables comme le soleil ou l'éolien, l'appareil peut fonctionner avec une empreinte carbone considérablement réduite. Hyperloop n'est donc plus seulement une avancée majeure en matière de transport, mais un modèle de mobilité durable.

La conception modulaire et flexible du dispositif renforce son adaptabilité et son évolutivité. Les itinéraires Hyperloop peuvent être construits par segments, permettant une extension progressive et une personnalisation en fonction des besoins régionaux. Cette modularité simplifie la maintenance et les mises à niveau, permettant l'entretien indépendant de sections de voies ou de modules sans perturber l'ensemble du réseau. Cette flexibilité rend Hyperloop compatible avec diverses zones géographiques et densités de population, des rues urbaines très fréquentées aux vastes liaisons interurbaines.

La sécurité reste primordiale dans le développement d'Hyperloop. Les capsules sont construites avec des matériaux de pointe à haute énergie, conçus pour résister aux contraintes des déplacements à grande vitesse et aux situations d'urgence. Le dispositif utilise une technologie de suivi complète pour surveiller en permanence la pression des tubes, l'intégrité des capsules et les conditions environnementales, permettant ainsi de réagir en temps réel à toute anomalie. Des protocoles de sécurité automatisés garantissent que les capsules peuvent décélérer de manière inattendue et précise si nécessaire, tandis que des systèmes redondants et des dispositifs de sécurité intégrés minimisent les risques. Cette attention portée à la sécurité s'étend au confort des passagers, la conception privilégiant la stabilité, la réduction du bruit et la régulation des conditions météorologiques à l'intérieur des véhicules.

La capacité d'Hyperloop à réduire considérablement les temps de trajet sans sacrifier le confort constitue un autre atout majeur. Des trajets qui prenaient traditionnellement des heures en voiture ou en train traditionnel peuvent être réduits à quelques minutes seulement, ouvrant de nouvelles perspectives pour les déplacements domicile-travail, les voyages d'affaires et le tourisme. Le trajet propre, exempt des bosses et des nuisances sonores typiques des autres modes de transport, promet une expérience de voyage à la fois rapide et agréable.

De plus, des systèmes de récupération d'énergie sont intégrés à la conception de l'Hyperloop pour récupérer l'énergie lors des phases de freinage, la réinjecter dans l'appareil et améliorer les performances globales. Ce cycle continu de récupération d'énergie permet de réduire les coûts d'exploitation et de contribuer à un transport durable et à faible impact environnemental.

Enfin, l'infrastructure d'Hyperloop est conçue pour réduire son empreinte écologique. Des voies surélevées et des piliers de soutien étroits réduisent l'occupation du sol, préservant ainsi les habitats naturels et les paysages urbains existants. Cette intégration réfléchie permet aux réseaux Hyperloop de traverser ou de survoler les zones habitées avec un minimum de perturbations, favorisant ainsi une meilleure connectivité urbaine et locale sans impact environnemental ou social significatif.

L'ère Hyperloop allie un environnement innovant de tubes à vide, une propulsion et une lévitation électromagnétiques, une vitesse et des performances inégalées, une modularité, des mesures de sécurité avancées et une conception d'infrastructure durable. Ces fonctions interdépendantes font de l'Hyperloop non seulement l'avenir du transport terrestre, mais aussi un tremplin transformateur vers des transports mondiaux plus écologiques, plus rapides et plus connectés.

1.5. Avantages par rapport aux transports traditionnels

La technologie Hyperloop révolutionne le transport terrestre, offrant de nombreux avantages par rapport aux modes de transport conventionnels, tels que l'automobile, le train et l'avion. Parmi ces avantages figure sa vitesse inégalée. Contrairement au transport ferroviaire ou routier traditionnel, les tablettes Hyperloop peuvent atteindre des vitesses supérieures à 1 000 kilomètres par heure, réduisant ainsi considérablement les temps de trajet entre les villes et les régions. Cette capacité à parcourir de longues distances en quelques minutes seulement ouvre de nouvelles perspectives pour les déplacements domicile-travail, les entreprises et le tourisme, réduisant ainsi les contraintes géographiques et favorisant une meilleure intégration économique.

Outre sa rapidité, la performance énergétique d'Hyperloop constitue un atout majeur. Les systèmes de transport traditionnels dépendent souvent des combustibles fossiles ou consomment d'énormes quantités d'électricité avec un rendement extrêmement faible. En comparaison, la combinaison d'un environnement proche du vide et d'une propulsion électromagnétique minimise les frottements et la résistance à l'air, permettant aux modules de se déplacer à grande vitesse en consommant nettement moins d'énergie. Associés à des sources d'énergie renouvelables comme des panneaux solaires installés en parallèle ou l'énergie éolienne, les systèmes Hyperloop peuvent fonctionner avec une empreinte carbone nettement plus faible, ce qui les rend bien plus durables que la plupart des solutions de transport actuelles.

La sécurité est un autre aspect critique de l'Hyperloop. Les véhicules et trains traditionnels sont exposés à de nombreux risques, notamment les collisions, les déraillements et les perturbations météorologiques. Les dispositifs Hyperloop, enfermés dans des tubes étanches, sont en grande partie isolés des facteurs environnementaux extérieurs, tels que la météo ou les obstacles, réduisant ainsi le risque de blessures. De plus, le système intègre des commandes automatisées avancées, un suivi régulier et des protocoles d'urgence qui renforcent la sécurité et la fiabilité des passagers.

Du point de vue des infrastructures, Hyperloop nécessite beaucoup moins de terrain que les autoroutes ou les réseaux ferroviaires. Les tubes surélevés et les structures de guidage aérodynamiques réduisent l'utilisation du sol et les nuisances environnementales. Cette compacité est particulièrement importante dans les zones densément peuplées ou écologiquement sensibles, où le développement des infrastructures de transport conventionnelles s'avère difficile.

De plus, les structures Hyperloop promettent une fiabilité et une fréquence accrues. Contrairement aux avions, fortement tributaires des conditions climatiques et du contrôle aérien, ou aux trains, sujets aux embouteillages et aux retards, les tablettes Hyperloop peuvent fonctionner selon des horaires rigoureusement contrôlés, avec des départs et des arrivées rapides. Cela se traduit par une ponctualité et un confort accrus pour les passagers.

L'agencement d'Hyperloop améliore également le confort et l'expérience des passagers. Les modules sont conçus pour réduire les vibrations, le bruit et les mouvements inattendus, offrant une expérience plus fluide que celle des trains ou des bus traditionnels. L'environnement contrôlé à l'intérieur des tubes assure une température et une qualité d'air constantes, contribuant ainsi au bien-être général des passagers.

Enfin, les implications financières de la génération Hyperloop sont profondes. En réduisant les temps de trajet et en reliant des régions autrefois éloignées ou mal desservies, Hyperloop peut stimuler le développement régional, créer de nouvelles opportunités de transformation et promouvoir le changement à l'international. Il remet en question la réputation du secteur des transports, obligeant les industries à innover et à s'adapter, et ouvrant la voie à un avenir plus interconnecté et plus vert.

Les avantages de l'Hyperloop par rapport aux transports conventionnels sont multiples: il est beaucoup plus rapide, plus économe en énergie, plus sûr, plus respectueux de l'environnement, plus compact, fiable, confortable et économiquement révolutionnaire. Ces atouts combinés font de l'Hyperloop une avancée révolutionnaire dans la façon dont l'humanité se déplace à travers le monde, promettant de redéfinir la mobilité dans les décennies à venir.

CHAPITRE 2

Principes de fonctionnement de l'Hyperloop

2.1. Système de tubes à vide et pression d'air

L'un des composants clés de la technologie Hyperloop est le tube à vide, qui supprime la résistance de l'air à chaque point du trajet en évacuant le plus d' air possible de l'intérieur, permettant ainsi d'atteindre des vitesses très élevées. Cependant, pour que ce système fonctionne efficacement, il est nécessaire de comprendre les principes physiques fondamentaux de la pression atmosphérique et de ses interactions avec le vide, notamment le comportement de la pression atmosphérique à l'intérieur du tube et son influence sur le fonctionnement de l'appareil.

Le tube à vide est un élément structurel essentiel du dispositif Hyperloop et agit comme un tunnel à travers lequel se déplace la capsule de transport. Ce tube crée un environnement isolé de l'atmosphère environnante, permettant à la tablette de se déplacer à des vitesses proches de la vitesse du son, sans les forces de traînée associées à l'air. Pour que le dispositif fonctionne correctement, une certaine quantité d'air doit être évacuée du tube afin d'obtenir les niveaux de pression souhaités, essentiels au mouvement à grande vitesse de la tablette.

Le tube à vide est fabriqué à partir de matériaux de pointe, composés de métal, d'aluminium et de fibre de carbone, à la fois robustes, légers et durables. Ces matériaux contribuent à maintenir une basse pression à l'intérieur du tube. Les deux extrémités du tube sont hermétiquement fermées pour éviter toute fuite d'air susceptible de perturber le vide et de diminuer les performances de l'appareil.

Cet environnement sous vide est essentiel pour minimiser la traînée aérodynamique au niveau de la tablette, ce qui contribue à l'efficacité aérodynamique. Cependant, l'utilisation d'un environnement sous vide entraîne également des exigences techniques importantes. Des structures spécialisées sont nécessaires pour pomper l'air, et chaque tube doit être conçu pour éviter les fuites susceptibles d'affecter les performances globales.

Pour que le tube à vide fonctionne correctement, la pression de l'air interne doit être nettement inférieure à la pression atmosphérique externe. Cette pression d'air réduite élimine une grande partie des frottements qui pourraient autrement gêner le mouvement du tube. La réduction de la pression d'air permet au tube d'atteindre des vitesses supérieures au son sans subir la traînée aérodynamique habituelle qui pourrait survenir à des vitesses plus élevées dans un environnement atmosphérique normal.

Généralement, lorsqu'un objet tente de dépasser la vitesse du son, il subit une résistance importante de l'air en raison de sa forte densité. Le vide ambiant supprime cette résistance, permettant au comprimé de se déplacer plus efficacement. Cette réduction de la densité de l'air diminue également la traînée aérodynamique sur le comprimé, ce qui est essentiel pour les structures de transport à grande vitesse. Par conséquent, moins d'énergie est nécessaire pour atteindre les vitesses souhaitées.

De plus, cet environnement à faible contrainte permet à la pilule de se déplacer plus rapidement et plus efficacement, sans recourir aux systèmes de propulsion traditionnels à friction. Si cette configuration offre de nombreux avantages en termes de vitesse, elle impose également des exigences techniques complexes. Chaque tube doit être méticuleusement scellé, car toute brèche pourrait réduire les performances et engendrer des difficultés mécaniques supplémentaires.

Un contrôle efficace de la pression d'air est essentiel au bon fonctionnement du tube à vide. La pression d'air interne doit être maintenue à un niveau très bas, tout en garantissant un environnement sûr et confortable pour les passagers. La pression atmosphérique extérieure au tube est en constante évolution, ce qui signifie que le tube doit être capable de s'adapter à ces fluctuations. Cela nécessite des structures complexes de régulation de la pression pour maintenir l'équilibre à l'intérieur du tube.

La contrainte à l'intérieur du tube étant très faible, l'air intérieur doit également être conditionné pour maintenir des conditions atmosphériques normales afin d'assurer la protection et le confort des passagers. Sans ce contrôle, ces derniers pourraient être exposés à des conditions dangereuses. La capacité du dispositif à réguler et à maintenir dynamiquement une basse pression, tout en assurant la protection des passagers, est essentielle à la pérennité de ses opérations.

De plus, les éléments extérieurs, comme la gravité, les variations saisonnières et les conditions météorologiques, peuvent influencer la pression interne du tube. La machine doit donc afficher et ajuster les niveaux de contrainte en conséquence. Ces structures de contrôle dynamique des contraintes sont essentielles au maintien des performances du tube et à la pérennité du système Hyperloop.

Afin d'améliorer les performances de la machine à tubes à vide, plusieurs technologies et conceptions récentes sont en cours de développement. Ces innovations comprennent des systèmes de micro-étanchéité pour prévenir les fuites d'air, des technologies de chauffage et de refroidissement avancées pour optimiser la consommation d'énergie, et de nouvelles pompes à vide contribuant à maintenir un environnement à faibles contraintes.

Ces avancées rendent le dispositif Hyperloop non seulement plus rapide, mais aussi plus durable et plus respectueux de l'environnement. Sa capacité à éliminer efficacement l'air et à maintenir des niveaux de pression de référence améliore considérablement les performances énergétiques de l'appareil. De plus, le développement de nouveaux matériaux et de nouvelles conceptions permet d'obtenir des tubes plus légers, plus résistants, plus durables et plus respectueux de l'environnement.

Le tube à vide et la gestion de la pression d'air sont essentiels au fonctionnement de l'Hyperloop. Un équilibre rigoureux entre ingénierie, conception et contrôle dynamique est nécessaire au bon fonctionnement de cette machine. En réduisant la résistance de l'air et en préservant les conditions optimales dans le tube, l'Hyperloop devrait devenir l'un des modes de transport les plus écologiques et durables du futur.

2.2. Systèmes de propulsion électromagnétique

Les systèmes de propulsion électromagnétique constituent l'une des technologies les plus avancées et prometteuses pour le développement de systèmes de transport à grande vitesse comme Hyperloop. Ces systèmes utilisent les principes de l'électromagnétisme pour propulser un véhicule sans recourir aux moteurs mécaniques traditionnels, éliminant ainsi les frottements et réduisant les pertes de puissance. L' application de la propulsion électromagnétique au système Hyperloop joue un rôle essentiel pour atteindre les vitesses extrêmement élevées et les performances énergétiques requises pour un transport pratique et futuriste.

Au cœur de la propulsion électromagnétique réside l'interaction entre les champs électrique et magnétique, et plus particulièrement le phénomène d'induction électromagnétique. Lorsqu'un courant électrique traverse un conducteur placé dans un champ magnétique, une force est générée qui propulse l'objet. Cette force, appelée force de Lorentz, agit perpendiculairement à la direction du courant et au champ magnétique, augmentant ainsi le mouvement.

Dans le système Hyperloop, la propulsion électromagnétique repose sur deux principes fondamentaux: la sustentation magnétique (maglev) et les voitures linéaires synchrones (LSM). Ces deux stratégies reposent sur l'interaction des courants électriques et des champs magnétiques pour transporter efficacement la capsule le long de la voie ferrée ou du tube à vide.

Le Maglev est une technologie qui utilise des aimants puissants pour faire léviter un véhicule au-dessus de la piste, éliminant ainsi tout contact physique entre les deux. Cela élimine les frottements, permettant un déplacement plus fluide, plus rapide et plus économe en énergie. L'Hyperloop utilise une technologie Maglev pour soulever et stabiliser la pilule lors de son déplacement dans le tube à vide.

Dans les structures à sustentation magnétique, on utilise fréquemment des aimants supraconducteurs, qui offrent une zone magnétique extrêmement puissante avec une perte d'énergie minimale. La supraconductivité se produit lorsque les matériaux conducteurs sont refroidis à très basse température, ce qui leur permet de transmettre l'électricité sans résistance. Ce phénomène permet aux aimants de générer une force importante sans perte d'énergie, essentielle pour maintenir des vitesses élevées et réduire la consommation d'énergie.

Les structures Maglev peuvent être classées en deux types: la suspension électromagnétique (EMS) et la suspension électrodynamique (EDS). L'EMS utilise des électroaimants pour créer des forces d'attraction entre le véhicule et la musique, tandis que l'EDS exploite la force de répulsion entre les aimants supraconducteurs du véhicule et le champ magnétique de la musique pour faire léviter le véhicule. Le choix du système à utiliser dans l'Hyperloop dépend de différents facteurs, notamment le coût, l'efficacité et la sécurité opérationnelle.

Les véhicules linéaires synchrones (LSM) constituent un enjeu majeur de la propulsion électromagnétique pour des structures comme l'Hyperloop. Contrairement aux voitures électriques traditionnelles, qui tournent pour créer un mouvement mécanique, les LSM génèrent un mouvement linéaire en créant une zone magnétique mobile qui interagit avec une série d'aimants ou de bobines à l'intérieur du véhicule. Ce type de moteur offre plusieurs avantages par rapport aux systèmes de propulsion traditionnels, notamment un rendement élevé, un contrôle précis et des besoins de rénovation minimes.

Dans l'Hyperloop, la capsule est équipée d'aimants permanents ou de bobines supraconductrices, tandis que le rail (ou le tube) est équipé d'une série d'électroaimants. Lorsqu'un courant alternatif traverse ces électroaimants, un champ magnétique se forme, qui se déplace au rythme de la musique. Les aimants permanents ou les bobines supraconductrices de la tablette sont alors attirés ou repoussés par ce champ magnétique, propulsant la tablette vers l'avant.

L'avantage de l'utilisation d'un LSM dans la machine Hyperloop réside dans sa capacité à générer des accélérations et des décélérations fluides et régulières, permettant à la tablette d'atteindre des vitesses extrêmement élevées sans les à-coups liés aux systèmes de propulsion mécaniques. De plus, le LSM peut fonctionner efficacement à vitesse élevée comme à faible vitesse, ce qui le rend adapté aux différents besoins des déplacements longue distance et interurbains.

La propulsion électromagnétique offre de nombreux avantages par rapport aux systèmes de propulsion traditionnels. Le principal avantage est l' élimination des frottements. Sans contact physique entre le véhicule et la piste, le système fonctionne beaucoup plus efficacement et avec moins d'usure. Cela réduit considérablement les besoins en maintenance et les pertes d'énergie généralement associées aux structures à frottement.

Un autre avantage considérable réside dans la possibilité d'atteindre des vitesses plus élevées. La propulsion électromagnétique ne dépendant plus de roues ni de moteurs conventionnels, elle est théoriquement capable d'accélérer une automobile à des vitesses proches, voire supérieures, à la vitesse du son. L'Hyperloop, avec son tube à vide et sa propulsion électromagnétique, vise à atteindre des vitesses allant jusqu'à 1 220 km/h (760 mph), réduisant ainsi considérablement les temps de trajet interurbains.

De plus, les structures électromagnétiques pourraient être plus économes en énergie que les stratégies conventionnelles. L'élimination des frottements réduit l'énergie globale nécessaire au maintien de vitesses élevées, et les performances des véhicules linéaires garantissent qu'une plus grande puissance est directement convertie en mouvement au lieu d'être perdue sous forme de chaleur ou d'autres formes de gaspillage d'électricité.

Malgré les nombreux avantages de la propulsion électromagnétique, de nombreux défis doivent être relevés pour qu'elle devienne une technologie viable et de grande envergure. L'un des principaux défis réside dans le coût élevé du développement et de la maintenance de l'infrastructure. Les structures Maglev et LSM nécessitent des matériaux sophistiqués, notamment des aimants supraconducteurs, dont la production et l' entretien peuvent être coûteux, et l'installation de l'infrastructure est onéreuse.

De plus, les structures de propulsion électromagnétique nécessitent une manipulation spécifique pour éviter tout désalignement entre la capsule et la piste. Même de faibles écarts peuvent entraîner une instabilité, réduisant ainsi les performances et la sécurité. Par conséquent, le développement de systèmes de pilotage et de commande de pointe est essentiel pour garantir la stabilité de l'Hyperloop à très grande vitesse.

Un autre défi réside dans la nécessité d'un système de refroidissement écologique pour les aimants supraconducteurs. Ces aimants doivent être refroidis à des températures extrêmement basses, généralement à l'hélium liquide, dont le stockage en grandes quantités peut s'avérer complexe et coûteux. Cependant, les progrès de la technologie cryogénique et l'amélioration des structures de refroidissement devraient contribuer à résoudre ces problèmes à l'avenir.

À mesure que l'Hyperloop et d'autres systèmes de transport à grande vitesse progressent, le rôle de la propulsion électromagnétique ne fera que s'accroître. La poursuite des recherches sur les matériaux supraconducteurs, les technologies de moteurs linéaires et les systèmes à sustentation magnétique devrait permettre de nouvelles avancées en matière d'efficacité, de réduction des coûts et de performance.

L'intégration de la propulsion électromagnétique dans les systèmes de transport industriel, associée à l'Hyperloop, devrait révolutionner les modes de déplacement, rendant les voyages longue distance plus rapides, plus écologiques et plus durables. En éliminant les contraintes imposées par la technologie de propulsion conventionnelle, la propulsion électromagnétique pourrait jouer un rôle majeur dans l'avenir des transports.

2.3. Haute vitesse et efficacité énergétique

La quête de déplacements à grande vitesse dans des structures comme Hyperloop est intimement liée aux exigences de performance énergétique. Atteindre des vitesses proches ou supérieures à celles du son exige de surmonter d'importants obstacles technologiques, techniques et énergétiques. La performance d'un système de transport est cruciale, non seulement pour réduire les coûts d'exploitation, mais aussi pour garantir sa durabilité face à la demande croissante d'énergie.

Les voyages à grande vitesse présentent de nombreux défis spécifiques en termes de besoins énergétiques. Plus un véhicule roule vite, plus il a besoin d'énergie pour surmonter des facteurs tels que la résistance de l'air, les frottements et l'inertie. Dans les transports conventionnels, comme l'avion ou le train, la puissance nécessaire pour atteindre des vitesses élevées augmente de manière exponentielle avec la vitesse. Cette datation, appelée « règle du dé », stipule que plus la taille et la vitesse d'un véhicule augmentent, plus la demande énergétique augmente.

Par exemple, dans les trains à grande vitesse ou les avions conventionnels, une quantité massive d'électricité est utilisée pour lutter contre la résistance de l'air, qui augmente avec le carré de la vitesse. De plus, des facteurs tels que la friction mécanique entre les roues et les rails, ou entre les moteurs et les structures à gaz, augmentent encore le coût de l'énergie. Hyperloop, soucieux de surmonter ces obstacles traditionnels, est conçu pour répondre aux besoins des voyages à grande vitesse avec une efficacité énergétique bien supérieure.

L'un des éléments centraux de la conception d'Hyperloop, permettant d'atteindre des vitesses élevées avec une consommation d'énergie réduite, est l'utilisation d'un tube à vide. Contrairement aux moyens de transport conventionnels fonctionnant en extérieur, les véhicules Hyperloop circuleront dans un environnement à faible contrainte, proche du vide, réduisant ainsi considérablement la résistance causée par les molécules d'air.

À grande vitesse, la résistance de l'air (traînée) devient un facteur limitant majeur. Dans les transports conventionnels à grande vitesse, cette résistance augmente considérablement avec la vitesse, nécessitant des moteurs plus performants pour maintenir la vitesse. Cependant, grâce à la réduction de la pression de l'air dans le tube Hyperloop, la tablette subit une résistance nettement inférieure. Cette réduction permet au système de maintenir des vitesses élevées avec beaucoup moins d'énergie.

La conception du tube intègre également des fonctions qui optimisent le flux d'air et réduisent les frottements, contribuant ainsi à préserver les performances énergétiques.

Grâce à cette réduction de la résistance, la machine Hyperloop peut atteindre des vitesses allant jusqu'à 1 220 kilomètres par heure (760 miles par heure) tout en consommant beaucoup moins d'énergie que les transports à grande vitesse traditionnels.

Comme mentionné précédemment, Hyperloop utilise des systèmes de propulsion électromagnétique, notamment la sustentation magnétique et les moteurs linéaires synchrones (LSM), pour propulser la tablette. Ces technologies sont essentielles pour atteindre des vitesses élevées et une efficacité énergétique optimale. En éliminant les frottements mécaniques (comme ceux des systèmes classiques à roues et rails), la machine peut optimiser considérablement le transfert d'électricité vers le véhicule.

Les systèmes de propulsion traditionnels reposent sur des moteurs qui convertissent l'essence en énergie mécanique, ce qui entraîne d'importantes pertes de puissance dues aux frottements, à la chaleur et à d'autres facteurs. Les structures électromagnétiques, par analyse, dépendent des champs magnétiques pour propulser la pilule, ce qui améliore considérablement le rendement. La perte de composants mobiles dans le système de propulsion réduit également les risques de pannes mécaniques et les besoins de maintenance, ainsi que la consommation et les coûts d'électricité.

De plus, les véhicules linéaires utilisés dans les systèmes Hyperloop permettent une accélération et une décélération fluides et continues, garantissant une utilisation optimale de l'énergie tout au long de l'aventure. Contrairement aux structures conventionnelles qui nécessitent des sursauts d'énergie pour vaincre l'inertie ou la résistance mécanique, la propulsion électromagnétique permet un mouvement plus contrôlé et économe en énergie.

Les performances énergétiques du dispositif Hyperloop sont également optimisées grâce au freinage régénératif. Dans les systèmes de transport traditionnels, le freinage entraîne la dissipation de l'énergie cinétique sous forme de chaleur. Cependant, dans les systèmes électromagnétiques comme Hyperloop, le freinage peut être obtenu en inversant la trajectoire des champs électromagnétiques, transformant ainsi l'énergie cinétique restituée du véhicule en énergie électrique utilisable. Cette énergie peut ensuite être stockée et utilisée pour alimenter le dispositif, réduisant ainsi la consommation énergétique globale.

Ce système de freinage régénératif rend Hyperloop non seulement plus économe en énergie, mais contribue également à une solution de transport plus durable et plus écologique. En captant et en réutilisant l'énergie qui serait autrement perdue, la conception d'Hyperloop minimise les déchets et maximise l'utilisation de l'énergie disponible.

Un autre élément essentiel de la performance énergétique d'Hyperloop réside dans l'intégration d'énergies renouvelables, dont l'énergie solaire, à l'infrastructure du dispositif. Des panneaux solaires installés sur les toits des stations Hyperloop et le long du parcours peuvent contribuer à produire l'énergie nécessaire à l'alimentation du dispositif, réduisant ainsi sa dépendance aux sources d'énergie non renouvelables.

Dans un contexte de super-situation, l'énergie consommée par le système Hyperloop serait compensée par l'énergie produite par les panneaux solaires et d'autres sources renouvelables, favorisant ainsi un modèle de transport écologique et autosuffisant. Bien que l'obtention d'une indépendance énergétique totale nécessiterait des améliorations considérables en matière de technologie solaire et de potentiel de stockage, la vision d'une communauté Hyperloop verte est un élément convaincant de la conception standard du dispositif.

Tourné vers l'avenir, l'accent mis par Hyperloop sur les déplacements à grande vitesse et économes en énergie promet de révolutionner les transports. Contrairement aux trains à grande vitesse classiques, qui consomment de grandes quantités d'énergie pour maintenir leur vitesse, l'association de la technologie du vide, de la propulsion électromagnétique et des systèmes d'électricité régénérative d'Hyperloop représente une avancée majeure en matière de performance énergétique.

De plus, la possibilité d'atteindre des vitesses de plus de 1100 km/h tout en consommant nettement moins d'énergie que les systèmes traditionnels pourrait faire de l'Hyperloop l'un des modes de transport les plus durables. La consommation électrique réduite et la possibilité d'utiliser des énergies renouvelables sont des atouts essentiels pour relever les défis environnementaux liés aux systèmes de transport conventionnels, souvent très consommateurs d'énergies fossiles.

La conception d'Hyperloop représente une approche audacieuse et avant-gardiste pour répondre aux exigences du transport maritime à grande vitesse, offrant une solution d'avenir qui privilégie non seulement la vitesse et l'efficacité, mais aussi la durabilité et le respect de l'environnement. À mesure que la technologie s'adapte, le potentiel d'économies d'énergie et d'amélioration des performances continuera de stimuler le développement de ce système de transport révolutionnaire.

2.4. Système de freinage régénératif

Le système de freinage régénératif est un élément essentiel de l'ère Hyperloop, jouant un rôle majeur dans l'amélioration de ses performances énergétiques et de sa durabilité. Contrairement aux méthodes de freinage traditionnelles qui épuisent la force cinétique sous forme de chaleur par frottement, le freinage régénératif capte cette énergie et la convertit en électricité utilisable. Cette électricité recyclée peut ensuite être réinjectée dans le dispositif, alimentant les modules ou contribuant au réseau électrique, réduisant ainsi considérablement la consommation d'électricité en fonctionnement.

Dans le contexte de l'Hyperloop, où les nacelles se déplacent à des vitesses nettement supérieures à celles des tubes à vide, un freinage efficace et performant est primordial. Le système de freinage régénératif est conçu pour ralentir en douceur les nacelles à des vitesses dépassant 1 000 kilomètres par heure, sans dépendre uniquement des freins mécaniques. Grâce à des forces électromagnétiques, le système applique une résistance aux nacelles en mouvement, les ralentissant tout en produisant de l'électricité. Ce système minimise l'usure des composants physiques, prolongeant ainsi leur durée de vie et réduisant les coûts d'entretien.

De plus, l'intégration du freinage régénératif s'inscrit parfaitement dans l'objectif de durabilité d'Hyperloop. L'énergie récupérée lors des phases de décélération réduit considérablement la demande énergétique globale, rendant la machine plus écologique que les transports traditionnels, qui gaspillent souvent d'importantes quantités d'énergie lors des stratégies de freinage. Associé à des sources d'énergie renouvelables qui alimentent les phases d'accélération, le freinage régénératif permet de créer une boucle de transport quasi autonome.

Cette génération contribue également à l'efficacité opérationnelle des réseaux Hyperloop. La capacité à recycler efficacement l'énergie permet des démarrages et des arrêts plus fréquents sans consommation d'énergie supplémentaire significative, ce qui améliore le débit et la flexibilité des horaires. Les passagers bénéficient indirectement d'une réduction des coûts d'exploitation, ce qui pourrait se traduire par des tarifs plus avantageux et une accessibilité accrue.

Le freinage régénératif améliore également la sécurité. Ce dispositif offre un contrôle précis des vitesses de décélération, permettant aux nacelles de ralentir en douceur et de manière prévisible, améliorant ainsi le confort de conduite et réduisant les risques de panne mécanique. En cas d'urgence, le freinage régénératif peut être combiné aux systèmes de freinage traditionnels pour garantir des arrêts rapides et maîtrisés.

Le système de freinage régénératif représente une avancée technologique majeure au sein de l'infrastructure Hyperloop. En transformant l'énergie cinétique en énergie électrique lors de la décélération, il favorise la conservation de l'énergie, réduit l'usure mécanique, améliore la sécurité et contribue à la vision globale d'un système de transport rapide, écologique et respectueux de l'environnement. Cette fonctionnalité n'est pas seulement une nécessité technique, mais un élément stratégique qui permet de définir l'approche moderne d'Hyperloop en matière de mobilité moderne.

CHAPITRE 3

La révolution de l'Hyperloop dans les transports

3.1 L'avenir du transport terrestre

Le transport terrestre est depuis longtemps un pilier de la mobilité mondiale, favorisant l'activité économique et la mobilité individuelle. Face à la croissance urbaine, à l'explosion démographique et à l'aggravation des préoccupations environnementales, la demande de modes de transport plus rapides, plus efficaces et plus durables n'a jamais été aussi forte. L'avenir du transport terrestre est de plus en plus façonné par des innovations comme l'Hyperloop, qui promet de transformer la circulation des personnes et des biens à travers la planète.

L'avènement d'une technologie de pointe, notamment l'Hyperloop, offre la possibilité de révolutionner le transport terrestre en réduisant les temps de trajet, en augmentant l'efficacité et en relevant les défis majeurs liés à la congestion, à la pollution et à la consommation de ressources. L'Hyperloop, avec ses tubes scellés sous vide et ses structures de propulsion électromagnétique, offre une toute nouvelle approche du transport terrestre à grande vitesse, offrant des vitesses bien supérieures à celles des trains et véhicules conventionnels. Cette évolution vers des technologies de transport plus rapides, plus écologiques et plus durables devrait profondément transformer non seulement nos modes de déplacement, mais aussi notre façon de façonner les villes, les régions et les économies.

L'un des avantages les plus immédiats et les plus convaincants de l'ère Hyperloop est sa capacité à réduire considérablement les temps de trajet. Les transports terrestres traditionnels, y compris les voitures et les trains, circulent à des vitesses limitées par les contraintes des routes, des voies ferrées et des facteurs humains tels que la fatigue des conducteurs et la circulation. Hyperloop, en revanche, a le potentiel de dépasser les vitesses des trains classiques, voire des avions, offrant des temps de trajet nettement plus courts. Par exemple, un trajet qui prend actuellement plusieurs heures en voiture ou en train peut être effectué en quelques minutes, ouvrant de nouvelles perspectives pour les déplacements domicile-travail, les voyages d'affaires et le tourisme.

La réduction des temps de trajet aurait également des conséquences considérables sur l'urbanisme et la structure des villes. Grâce aux transports terrestres à grande vitesse et longue distance, les habitants pourraient s'éloigner des centres urbains tout en pouvant se déplacer efficacement pour se rendre au travail ou se divertir. Cela pourrait entraîner le développement de nouveaux « centres urbains » où les habitants travailleraient dans une ville tout en vivant dans une autre, transformant ainsi la nature de l'urbanisation et allégeant potentiellement la pression sur les zones métropolitaines surpeuplées.

Un autre élément essentiel de l'avenir du transport terrestre est le besoin croissant de durabilité. Face aux changements climatiques et à la dégradation de l'environnement, le secteur des transports doit jouer un rôle essentiel dans la réduction des émissions de carbone et la promotion des technologies innovantes. La technologie Hyperloop se positionne comme une solution efficace pour relever ces défis environnementaux. En utilisant des sources d'énergie renouvelables et en offrant des performances énergétiques supérieures à celles des transports traditionnels, Hyperloop pourrait réduire considérablement l'empreinte carbone des transports longue distance.

Contrairement aux trains à grande vitesse et aux avions traditionnels, qui dépendent des combustibles fossiles et émettent d'importantes quantités de gaz à effet de serre, les structures Hyperloop peuvent être alimentées par des panneaux solaires, l'énergie éolienne ou d'autres ressources durables. Cette dépendance à l'énergie propre pourrait faire d'Hyperloop un élément essentiel de la lutte mondiale contre la dépendance aux carburants carbonés et l'impact environnemental des transports. De plus, l'utilisation de tubes à vide pour réduire la résistance de l'air rend Hyperloop plus écologique, car la machine peut fonctionner à grande vitesse avec une consommation d'électricité réduite.

Alors que le transport terrestre évolue vers des structures plus intelligentes et mieux connectées, la technologie Hyperloop pourrait s'intégrer à des solutions de mobilité intelligente plus vastes. Avec l'utilisation croissante de l'intelligence artificielle (IA), de l'Internet des objets (IoT) et de l'analyse avancée des données, les systèmes de transport gagnent en automatisation, en optimisation et en interconnexion. Hyperloop pourrait être un élément clé de cette évolution, en complément d'autres solutions de transport intelligentes telles que les voitures autonomes, les drones et les systèmes intelligents de contrôle du trafic.

Par exemple, les stations Hyperloop pourraient être intégrées de manière transparente aux infrastructures des villes intelligentes, permettant aux passagers de passer d'un mode de transport à un autre avec un minimum de friction. Des véhicules autonomes ou des bus électriques pourraient transporter les passagers des stations Hyperloop jusqu'à leur destination finale, réduisant ainsi le recours aux véhicules privés et la congestion urbaine. De plus, l'intégration de l'IA pourrait contribuer à optimiser les horaires Hyperloop, à surveiller les performances des appareils en temps réel et à garantir le respect automatique des protocoles de sécurité, réduisant ainsi les risques de blessures ou de retards.

Les infrastructures de transport terrestre, notamment celles des grandes villes, sont de plus en plus sollicitées par la croissance démographique et la demande croissante de mobilité. Les embouteillages, les longs trajets et les coûts environnementaux des transports conventionnels constituent des problèmes majeurs dans les villes du monde entier. Hyperloop devrait pallier ces difficultés en proposant un mode de transport alternatif, fonctionnant hors des routes encombrées et des infrastructures en béton.

En permettant des déplacements interurbains à grande vitesse, Hyperloop pourrait réduire le besoin de déplacements longue distance en voiture, diminuant ainsi le trafic sur les autoroutes et les autoroutes inter-États. Le système pourrait également contribuer à atténuer les effets de l'étalement urbain en facilitant le séjour en banlieue ou en zone rurale tout en bénéficiant des opportunités économiques et culturelles des grandes villes. Ce découplage entre lieux de vie et de travail pourrait transformer le paysage urbain et régional, favorisant ainsi une urbanisation plus équilibrée et allégeant la pression sur les métropoles surpeuplées.

L'essor de l'Hyperloop devrait bouleverser les secteurs actuels des transports, notamment ceux du rail, de l'aviation et de l'automobile. La possibilité de déplacements plus rapides et plus efficaces devrait faire oublier les modes de transport contemporains, notamment pour les trajets longue distance. Cette disruption devrait stimuler l'innovation dans l'ensemble du secteur, obligeant les acteurs traditionnels à évoluer sous peine de perdre des parts de marché au profit des nouvelles technologies.

Par exemple, les compagnies aériennes devraient faire face à une concurrence féroce de la part d'Hyperloop sur les trajets courts et moyens. Si l'avion est idéal pour les voyages internationaux, Hyperloop pourrait constituer une alternative plus économique et plus écologique pour les trajets nationaux et locaux. De même, le secteur automobile pourrait être impacté, car de moins en moins de personnes utilisent des véhicules privés pour les voyages longue distance, préférant les trajets Hyperloop à grande vitesse et à haut rendement.

À mesure que ces industries s'adaptent au nouveau paysage concurrentiel, nous devrons peut-être voir davantage d'investissements dans des technologies complémentaires qui améliorent l'efficacité globale et la durabilité du transport terrestre, ouvrant la voie à un environnement de transport plus intégré et diversifié.

3.2 La transformation des voyages interurbains

Les déplacements interurbains ont toujours été un élément essentiel des modes de vie contemporains, reliant les territoires, les économies et les cultures. Qu'ils soient d'ordre professionnel, récréatif ou migratoire, les déplacements interurbains ont façonné les structures sociétales et la dynamique mondiale. Cependant, les modes de transport traditionnels, comme le train, le bus et la voiture, sont souvent confrontés à des limites en termes de vitesse, d'efficacité et de durabilité environnementale. La technologie Hyperloop promet de révolutionner les déplacements interurbains, offrant un bond en avant en termes de vitesse, de confort et de durabilité, et transformant fondamentalement la façon dont les individus se déplacent sur de longues distances.

La transformation des déplacements interurbains grâce à l'Hyperloop se manifeste dans de nombreux domaines clés: rapidité, accessibilité, rapport qualité-prix et impact environnemental. La capacité de l'Hyperloop à redéfinir les modes de déplacement interurbains ne se limite pas à des trajets plus rapides, mais transforme également l'expérience de voyage dans son ensemble, permettant des déplacements plus fluides, durables et interconnectés.

L'un des aspects les plus transformateurs de la technologie Hyperloop est sa capacité à réduire considérablement les temps de trajet interurbain. Les modes de transport interurbain classiques, comme les trains à grande vitesse, les bus et les voitures, mettent souvent plusieurs heures, voire une après-midi, pour parcourir des distances que l'Hyperloop est censée parcourir en une fraction de temps. Par exemple, les trajets entre les grandes villes, qui prennent actuellement des heures en train ou en voiture, pourraient être réduits à quelques minutes, ce qui transformerait fondamentalement la perception des distances.

Les structures Hyperloop pourraient permettre de réduire les trajets longue distance entre villes voisines à un court trajet domicile-travail, ouvrant ainsi de nouvelles perspectives de développement local, de collaboration économique et de mobilité individuelle. Par exemple, des villes distantes de plusieurs centaines de kilomètres seront reliées en moins d'une heure, permettant ainsi aux habitants de traverser des zones avec une vitesse et des performances inégalées. Cela pourrait donner naissance à une nouvelle génération de « villes de banlieue », où les habitants pourraient vivre dans une même ville tout en travaillant ou en étudiant dans une autre, transformant ainsi la ville et l'urbanisme local.

La rapidité des systèmes Hyperloop pourrait également profiter aux industries qui dépendent de la rapidité de la circulation des biens et des services. La capacité à acheminer rapidement des marchandises entre les villes améliorerait l'efficacité des réseaux logistiques et réduirait les temps de transport, améliorant ainsi potentiellement la gestion de la chaîne d'approvisionnement et stimulant l'économie mondiale.

L'introduction d'Hyperloop pourrait améliorer considérablement l'accessibilité de régions autrefois difficiles ou coûteuses d'accès. Aujourd'hui, de nombreuses villes sont contraintes par leur éloignement des principaux pôles de transport, ce qui rend les déplacements vers et depuis ces derniers longs et coûteux. Hyperloop, avec son réseau de tubes sous vide reliant plusieurs villes, pourrait permettre un accès plus équitable aux transports, même pour les petites villes et les zones rurales autrefois mal desservies par les transports traditionnels.

En reliant ces zones aux grands centres urbains, Hyperloop pourrait ouvrir de nouvelles perspectives de croissance économique et de mobilité sociale. Les habitants des petites villes pourraient accéder plus facilement à l'emploi, à l'éducation et aux services des grandes villes, favorisant ainsi une meilleure intégration économique. De leur côté, les villes clés devraient bénéficier de l'afflux de nouvelles compétences, ressources et idées, stimulant ainsi le développement économique et l'innovation.

La capacité de l'Hyperloop à réduire les temps de trajet interurbains pourrait favoriser la création de corridors économiques, où les zones aux industries complémentaires pourraient prospérer en remplaçant plus facilement les biens, les services et les technologies. Par exemple, les villes axées sur la production, la production ou les études devraient bénéficier d'une collaboration verte plus rapide et plus étroite avec leurs régions voisines, favorisant ainsi, à terme, une économie mondiale plus intégrée.

Un autre avantage majeur de la technologie Hyperloop est sa capacité à offrir une solution plus économique et durable aux modes de transport interurbains actuels. Les trains, avions et véhicules à grande vitesse sont souvent associés à des coûts d'exploitation élevés, à un impact environnemental important et à une accessibilité limitée. En comparaison, Hyperloop garantit une solution plus efficace, plus verte et plus respectueuse de l'environnement.

Contrairement aux transports aériens, qui reposent sur les combustibles fossiles et contribuent fortement aux émissions de carbone, les structures Hyperloop peuvent être alimentées par des sources d'électricité renouvelables, comme l'énergie solaire ou éolienne, réduisant ainsi considérablement leur empreinte carbone. L'utilisation de tubes scellés sous vide minimise également la résistance de l'air, rendant Hyperloop plus économe en énergie que les modes de transport conventionnels, qui nécessitent un apport constant de force pour surmonter les frottements et la résistance.

Les faibles coûts d'exploitation de l'Hyperloop pourraient rendre les voyages interurbains encore plus accessibles à un plus grand nombre. Avec des tarifs plus avantageux que ceux des trains et des avions traditionnels, l'Hyperloop devrait démocratiser les voyages, permettant à davantage de personnes d'accéder à des transports plus rapides et plus fiables. Cela pourrait avoir un impact profond sur la mobilité, rendant les voyages interurbains plus inclusifs et accessibles à tous.

Hyperloop devrait redéfinir l'expérience des passagers en proposant une alternative plus rapide, plus fluide et plus confortable aux transports interurbains traditionnels. Contrairement aux avions et aux trains, qui impliquent souvent de longs temps d'attente, des contrôles de sécurité et des gares bondées, les gares Hyperloop sont conçues pour offrir une expérience de voyage fluide et écologique. Les passagers peuvent s'enregistrer et embarquer rapidement, avec un minimum de retards ou d'interruptions, garantissant ainsi un voyage plus fluide.

La conception des capsules Hyperloop, qui voyagent dans des tubes à vide, promet également un voyage plus silencieux et plus confortable. L'absence de résistance à l'air réduit le bruit et les vibrations, créant un environnement plus agréable pour les passagers. Cette expérience de voyage simple et rapide s'apparente au confort d'un voyage en avion, avec l'avantage d'un mode de transport plus écologique et plus économique.

De plus, les structures Hyperloop pourraient offrir aux passagers davantage de flexibilité et de confort en termes d'horaires et d'itinéraires. Au lieu de se contenter d'horaires et d'itinéraires fixes, les passagers pourraient choisir parmi différentes options de transport adaptées à leurs besoins, en proposant des itinéraires plus personnalisés et dynamiques. Cette flexibilité devrait permettre aux voyages interurbains de mieux s'adapter aux besoins rapides de la vie actuelle.

La technologie Hyperloop, en constante évolution, pourrait faciliter la mise en place d'un réseau de transport mondial interconnecté, améliorant ainsi les déplacements interurbains à l' échelle mondiale. Hyperloop pourrait devenir un élément clé d'un système de transport intégré reliant des pays et des continents distincts, réduisant ainsi les barrières à la mobilité internationale et favorisant les échanges et la coopération culturels.

Par exemple, les infrastructures Hyperloop devraient à terme être étendues aux liaisons transfrontalières, permettant des déplacements rapides et efficaces entre les villes de différents pays. Cela devrait promouvoir le tourisme international, le changement et la collaboration, favorisant ainsi un monde plus interconnecté. La possibilité de voyager facilement entre des villes importantes de différentes régions devrait créer de nouvelles perspectives de changement culturel, de coopération scientifique et d'intégration économique à l'échelle mondiale.

La capacité d'Hyperloop à transformer les déplacements interurbains ne se limite pas à améliorer la vitesse et la performance des transports. En connectant les personnes et les territoires par de nouvelles méthodes, Hyperloop devrait transformer nos modes de vie, de travail et d'interaction, créant ainsi un monde plus interconnecté, durable et accessible aux générations futures.

3.3 Économies de temps et d'argent dans le transport

L'un des avantages les plus convaincants de la technologie Hyperloop réside dans sa capacité à générer d'importantes économies de temps et d'argent dans le secteur des transports. Face à la demande croissante de déplacements plus rapides et plus écologiques à l'échelle mondiale, l' Hyperloop promet de répondre à ces besoins en réduisant considérablement les temps de trajet tout en offrant une alternative plus économique aux modes de transport traditionnels. Ces avantages se traduisent par des économies de distance, impactant non seulement les voyageurs individuels, mais aussi les entreprises, les économies et l'environnement.

L'ère de l'Hyperloop promet de redéfinir notre perception du temps de trajet. Les modes de transport traditionnels, tels que les trains à grande vitesse, les avions et les véhicules à moteur, peuvent mettre des heures à parcourir des distances que l'Hyperloop devrait potentiellement parcourir en une fraction de temps. Par exemple, un trajet de 640 kilomètres entre deux villes, qui prendrait actuellement plusieurs heures en train ou en voiture, pourrait être réduit à seulement 30 minutes grâce à l'Hyperloop, et même les voyages en avion verraient leur durée de trajet considérablement réduite. Cette augmentation de vitesse pourrait profondément changer la perception des voyageurs des voyages interurbains et en Afrique du Sud.

La réduction des temps de trajet pourrait considérablement améliorer la productivité en permettant aux employés de passer moins de temps dans les transports et plus de temps à se concentrer sur leur travail, leurs loisirs ou d'autres activités essentielles. Pour les agences, des transports plus rapides permettent un accès plus rapide aux marchés, aux ressources et aux viviers de talents. Cela peut également simplifier les déplacements professionnels sans prendre de longues pauses, favorisant ainsi une équipe internationale plus dynamique et connectée.

De plus, Hyperloop pourrait permettre des visites d'une journée dans des villes actuellement difficiles d'accès en une seule journée. Cette flexibilité pourrait être particulièrement avantageuse pour les entreprises qui dépendent de déplacements fréquents pour des réunions, des conférences ou d'autres événements exigeant un temps précieux, augmentant ainsi les opportunités tant personnelles que professionnelles. La possibilité de voyager d'une région, voire d'un pays à l'autre, en quelques heures au lieu de plusieurs jours pourrait stimuler de nouvelles innovations dans les modèles commerciaux, générant des gains d'efficacité auparavant impossibles.

Outre les gains de temps, Hyperloop promet d'offrir une solution de transport plus rentable que les solutions traditionnelles. Actuellement, les trains à grande vitesse, les avions et les trajets longue distance en voiture entraînent des coûts importants. Le transport aérien, par exemple, implique des frais de carburant, de maintenance et des frais généraux d'exploitation, tandis que les trains à grande vitesse nécessitent des investissements d'infrastructure coûteux et des subventions continues. Hyperloop, en revanche, se veut un mode de transport plus écologique et durable, permettant de réduire les coûts d'exploitation courants.

La performance énergétique de l'Hyperloop est l'un des principaux facteurs contribuant à son potentiel d'économies. Contrairement aux avions, qui utilisent du carburant et génèrent des émissions de gaz à effet de serre à grande échelle, les structures Hyperloop peuvent être alimentées par des sources d'énergie renouvelables, comme l'énergie solaire ou éolienne, ce qui rend l'exploitation de l'Hyperloop beaucoup plus économique et respectueuse de l'environnement. De plus, l'utilisation de tubes à vide réduit considérablement la résistance de l'air, permettant aux nacelles Hyperloop de voyager avec une consommation d'électricité minimale. Cette efficacité énergétique peut être directement répercutée sur les clients sous forme de tarifs réduits.

Les économies ne se limiteraient plus aux passagers. La réduction des frais d'exploitation pourrait faire d'Hyperloop une alternative viable pour le transport de marchandises et de marchandises, tout en diminuant les coûts logistiques et en améliorant l'efficacité de la chaîne de livraison. Grâce à la réduction des coûts de transport, les entreprises devraient bénéficier de coûts de transport plus faibles, ce qui se traduirait par des biens et services moins coûteux pour leurs clients. Les économies réalisées dans plusieurs secteurs pourraient stimuler la croissance économique en simplifiant les activités, en facilitant les échanges et en améliorant l'accès aux ressources.

Outre les gains de temps et les économies directes, Hyperloop peut également présenter d'importants avantages environnementaux. Les modes de transport traditionnels, notamment le transport aérien et le transport routier longue distance, contribuent fortement aux émissions de gaz à effet de serre, à la pollution atmosphérique et à la dégradation de l'environnement. La conception éco-énergétique d'Hyperloop et son utilisation de sources d'énergie propres pourraient réduire considérablement son empreinte carbone, offrant ainsi une opportunité durable et plus importante pour atténuer l'impact environnemental du transport.

L'infrastructure nécessaire aux systèmes Hyperloop, bien que gigantesque, pourrait s'avérer plus rentable au fil des ans que le train à grande vitesse ou l'amélioration des aéroports. La construction de nouveaux aéroports ou l'agrandissement des aéroports existants nécessitent des investissements importants, non seulement pour la création, mais aussi pour leur entretien et la dotation en personnel. De même, les réseaux ferroviaires à grande vitesse nécessitent une construction, une électrification et une maintenance à grande échelle. Hyperloop, en revanche, s'appuie sur une infrastructure beaucoup plus simple, composée de tubes et de stations sous vide, qui peut réduire les coûts à long terme, notamment si elle est intégrée aux corridors de transport existants ou aux caractéristiques urbaines.

De plus, les systèmes Hyperloop peuvent être installés dans des zones où les infrastructures conventionnelles pourraient ne pas être viables, notamment dans les zones urbaines densément peuplées ou les régions au relief accidenté. La modularité de la génération Hyperloop permet une intégration plus flexible dans les paysages urbains et périurbains actuels, réduisant ainsi le besoin de projets de construction luxueux et disruptifs. Cette adaptabilité pourrait générer d'importantes économies pour les gouvernements et les organisations privées qui investissent dans les infrastructures de transport.

Les économies de temps et d'argent réalisées grâce à Hyperloop pourraient avoir un impact considérable sur l'économie mondiale. La possibilité de relier rapidement et à moindre coût les villes et les régions devrait générer des revenus supplémentaires grâce à l'émergence de nouveaux marchés, à la création d'emplois et au développement du commerce vert. La capacité d'Hyperloop à réduire les coûts et les temps de trajet pourrait contribuer à accroître la circulation des biens, des services et des personnes, favorisant ainsi l'intégration économique entre les villes, les régions, voire les pays.

Par exemple, les entreprises devraient optimiser leur efficacité en accédant à un vivier de compétences plus large et en s'appuyant sur une clientèle plus large, à quelques heures de trajet seulement. De plus, le tourisme et les voyages d'agrément pourraient connaître un essor considérable, les gens étant plus enclins à se rendre dans des villes et des pays autrefois considérés comme trop éloignés ou trop chers. L'augmentation des flux de personnes et de biens devrait stimuler la création d'emplois, le développement des infrastructures et l'innovation, au bénéfice des économies locales, nationales et mondiales.

L'Hyperloop, en devenant réalité, pourrait avoir des retombées économiques indirectes transformatrices, ouvrant la voie à de nouvelles industries, à un meilleur accès à l'éducation et aux soins de santé, et à une communauté internationale plus connectée. Le potentiel d'essor économique majeur, associé aux avantages environnementaux et à une qualité de vie améliorée, fait de l'Hyperloop un investissement prometteur pour l'avenir.

Les avantages à long terme en termes de gain de temps et d'argent offerts par Hyperloop pourraient être constatés dans de nombreux secteurs, du transport à la logistique, en passant par le tourisme et même la santé. La capacité à transporter des personnes et des marchandises rapidement et à moindre coût pourrait révolutionner les secteurs qui dépendent de la rapidité et de l'accessibilité. Le temps n'étant plus un obstacle général, les équipes pourraient innover plus rapidement, les individus pourraient travailler au-delà des frontières et la collaboration internationale pourrait atteindre des niveaux exceptionnels.

À mesure que la technologie Hyperloop mûrit et se développe, son adoption massive pourrait générer d'importantes économies dans les secteurs privé et public, ce qui en ferait un élément clé de l'avenir des transports. De la réduction des temps de trajet pour les usagers ordinaires à la promotion de la coopération et du développement économiques, l'impact à long terme d'Hyperloop pourrait se faire sentir sur les générations à venir.

3.4. Impact sur la connectivité urbaine et régionale

La création de la technologie Hyperloop promet de transformer radicalement la connectivité urbaine et locale, révolutionnant les interactions et le fonctionnement des villes et de leurs régions environnantes. Les infrastructures de transport traditionnelles limitent régulièrement la fluidité et la vitesse de déplacement des personnes et des biens entre les centres-villes et leurs périphéries, ce qui entraîne congestion, disparités économiques et utilisation inefficace des sols. La vitesse et les performances exceptionnelles d'Hyperloop ont le potentiel de faire tomber ces barrières et de favoriser des écosystèmes urbains plus inclusifs, dynamiques et résilients.

L'un des impacts les plus profonds de l'Hyperloop sur la connectivité réside dans la redéfinition de la distance de trajet possible. En permettant des vitesses de déplacement supérieures à 1 000 kilomètres par heure, l'Hyperloop réduit à quelques minutes seulement les trajets qui prenaient traditionnellement plusieurs heures en voiture ou en train. Cette réduction du temps de trajet élargit efficacement les zones métropolitaines, permettant aux citoyens de vivre plus loin des centres-villes sans compromettre l'accès à l'emploi, à l'éducation et aux infrastructures culturelles. Il en résulte l'apparition de vastes « méga -zones » où les activités économiques et sociales se diffusent harmonieusement entre des zones urbaines et périurbaines auparavant séparées.

Cette nouvelle connectivité favorise également un développement régional équilibré. Au lieu de surcharger les centres urbains essentiels avec la croissance démographique et la congestion du trafic, Hyperloop facilite la dispersion des intérêts économiques sur une zone géographique plus vaste. Les petites villes deviennent des lieux de vie et de travail plus attractifs, bénéficiant d'un meilleur accès aux grands marchés et aux ressources. Cette décentralisation peut alléger la pression sur les infrastructures urbaines, réduire les coûts du logement dans les villes surpeuplées et stimuler les investissements dans les zones sous-développées.

D'un point de vue logistique, Hyperloop offre un avantage transformateur pour le fret et la gestion de la chaîne de livraison au sein des villes et entre elles. Un transport rapide, fiable et efficace des produits peut réduire les délais et les coûts de livraison, renforçant ainsi la compétitivité des économies régionales. De plus, en réduisant la dépendance au fret routier, Hyperloop peut réduire la congestion routière et la pollution urbaine, contribuant ainsi à des environnements urbains plus sains et plus agréables à vivre.

L'intégration aux réseaux de transport existants amplifie l'impact d'Hyperloop sur la connectivité. Grâce à une connexion fluide avec les transports en commun, les trains à grande vitesse et les aéroports à proximité, Hyperloop constitue un pilier pour les circuits multimodaux, garantissant aux passagers des transitions fluides entre les modes de transport spécifiques. Cette connectivité globale réduit les frictions et encourage l'utilisation accrue des transports publics et durables.

Cependant, l'expansion de la connectivité pose également des défis. L'évolution rapide de la répartition démographique pourrait nécessiter de nouvelles stratégies d'urbanisme pour gérer l'utilisation des sols, l'impact environnemental et l'équité sociale. Il est essentiel de veiller à ce que toutes les communautés bénéficient de manière égale d'une connectivité améliorée afin d'éviter l'aggravation des fractures socio-économiques.

La technologie Hyperloop a le pouvoir de redéfinir les villes et les paysages locaux en reliant les villes et leur arrière-pays par des moyens autrefois inaccessibles. Elle favorise une meilleure accessibilité, une meilleure vitalité économique et une durabilité environnementale accrue, ouvrant la voie à des territoires plus intelligents et mieux connectés, capables de mieux répondre aux défis du XXIe siècle.

3.5. Perturber les industries de transport existantes

L'ère de l'Hyperloop est sur le point de bouleverser radicalement les industries actuelles des transports en remettant en question les normes établies de vitesse, d'efficacité, de coût et de durabilité. Les secteurs traditionnels, comme le ferroviaire, l'automobile et l'aéronautique, font face à une opposition sans précédent, car l'Hyperloop introduit un paradigme radicalement nouveau dans la circulation des personnes et des biens sur terre. Cette disruption a des conséquences considérables, non seulement sur la dynamique du marché, mais aussi sur les cadres réglementaires, les marchés du travail et les priorités d'investissement en infrastructures à l'échelle mondiale.

Premièrement, le potentiel d'Hyperloop à atteindre des vitesses bien supérieures à celles des trains et véhicules conventionnels menace de rendre obsolètes ou moins compétitifs de nombreux modes de transport actuels pour les déplacements interurbains. Les réseaux ferroviaires à grande vitesse, longtemps considérés comme le summum de l'innovation en matière de transport terrestre, pourraient également avoir du mal à concurrencer les temps de trajet et les coûts d'exploitation considérablement réduits d'Hyperloop. De même, les déplacements en voiture sur des distances moyennes – des trajets qui durent traditionnellement une à plusieurs heures – devraient connaître une baisse spectaculaire, les passagers optant pour les options rapides et confortables d'Hyperloop.

Le secteur aérien, notamment les vols intérieurs et les vols courts, est également confronté à des perturbations majeures. Les temps de trajet de l'Hyperloop, sur des distances allant jusqu'à plusieurs centaines de kilomètres, peuvent égaler, voire dépasser, ceux de l'avion, compte tenu des temps d'enregistrement, de sécurité, d'embarquement et de roulage à l'aéroport. De plus, l'Hyperloop offre des avantages environnementaux par rapport au transport aérien, dont les émissions de carbone sont de plus en plus surveillées. Face à l'intensification des préoccupations en matière de développement durable, les gouvernements et les consommateurs pourraient également opter pour l'Hyperloop, incitant ainsi les compagnies aériennes à faire évoluer ou à réorienter leurs services.

Les répercussions se font également sentir sur le fret et la logistique. Les compétences d'Hyperloop en matière de transport de marchandises rapide et fiable pourraient révolutionner les secteurs du transport routier et ferroviaire en proposant une alternative plus écologique et plus propre. Cette évolution pourrait permettre de réguler les chaînes d'approvisionnement, de réduire la congestion autoroutière et de diminuer l'usure des infrastructures routières.

Cependant, les perturbations ne se produisent plus sans difficultés. Les industries de transport existantes représentent des intérêts profondément ancrés, avec un impact financier et politique considérable. La résistance au changement, les obstacles réglementaires et les coûts d'investissement élevés liés à la construction de l'infrastructure Hyperloop peuvent également ralentir l'adoption. De plus, les transitions de personnel posent des défis sociaux, car les emplois liés aux modes de transport standard devraient décliner, ce qui nécessitera des reconversions et des interventions politiques pour gérer les changements d'emploi.

D'un point de vue réglementaire, Hyperloop introduit de nouvelles complexités. Les lois et exigences de sécurité existantes, conçues autour des technologies d'installation, devront être réévaluées et améliorées pour intégrer les caractéristiques opérationnelles uniques des tubes à vide, de la propulsion électromagnétique et des commandes automatiques. La collaboration entre les gouvernements, les acteurs de l'industrie et les organismes internationaux sera essentielle pour élaborer des cadres conciliant innovation, sécurité publique et équité.

Sur le plan des investissements, l'émergence d'Hyperloop génère d'importants flux de capitaux vers les études, le développement et les projets d'infrastructure. Cet afflux de ressources pourrait stimuler les cycles d'innovation et favoriser de nouveaux modèles économiques, notamment les partenariats public-privé et les systèmes de mobilité intégrés. Les entreprises de transport traditionnelles pourraient également trouver des opportunités de réorientation en investissant ou en collaborant avec des entreprises Hyperloop, transformant ainsi les ruptures potentielles en évolution stratégique.

L'Hyperloop représente une force disruptive qui remodèle le paysage des transports à de multiples niveaux. Il remet en question les tarifs, les coûts, l'impact environnemental et le confort des modes de transport actuels, tout en obligeant les industries et les décideurs politiques à reconsidérer l'avenir de la mobilité. La transition vers un monde basé sur l'Hyperloop sera certes complexe, mais elle offre un potentiel considérable pour créer un écosystème de transport mondial plus rapide, plus propre et mieux connecté.

CHAPITRE 4

Impacts environnementaux de l'Hyperloop

4.1. Empreinte carbone et durabilité

Alors que le réseau mondial est confronté aux exigences croissantes des changements climatiques et de la dégradation de l'environnement, le transport demeure l'un des principaux émetteurs de carbone. La recherche de technologies de transport durables et économes en énergie est donc devenue un domaine d'innovation majeur. Parmi les innovations les plus prometteuses figure l'Hyperloop, un dispositif de transport à grande vitesse qui ambitionne de révolutionner la circulation des personnes et des marchandises. L'impact environnemental de l'Hyperloop, notamment en termes d'empreinte carbone et de durabilité, joue un rôle essentiel dans sa capacité à transformer le transport international.

Avant d'aborder les avantages environnementaux de l'Hyperloop en termes de capacité, il est essentiel de prendre en compte l'empreinte carbone des transports conventionnels. Le secteur des transports est responsable d'une part importante des émissions mondiales de gaz à effet de serre, principalement via l'utilisation de combustibles fossiles dans les voitures, les camionnettes, les trains et les avions. Selon l'Agence internationale de l'énergie (AIE), les transports sont responsables d'environ 25 % des émissions mondiales de CO_2 liées à l'énergie, les véhicules routiers représentant la plus grande part. L'aviation, bien que moins polluante en termes d' émissions, a un impact disproportionné en raison de la consommation d'énergie des vols long-courriers.

Outre les émissions de CO2, les systèmes de transport conventionnels contribuent également à la pollution atmosphérique, aux nuisances sonores et à la consommation de sources non renouvelables. La dépendance aux carburants fossiles et les coûts environnementaux liés à l'extraction, au raffinage et à la combustion du pétrole et des carburants rendent les infrastructures de transport modernes non durables à long terme.

La machine Hyperloop a été conçue pour réduire considérablement l'empreinte carbone du transport....

L'un des principaux moyens par lesquels Hyperloop peut réduire son empreinte carbone réside dans son recours aux énergies renouvelables. L'appareil devrait être alimenté par l'énergie solaire, grâce à des panneaux solaires installés le long des tubes pour capter la lumière du jour et produire de l'électricité. Cela rendrait l'appareil largement autonome, car l'énergie produite par les panneaux solaires pourrait non seulement alimenter les modules Hyperloop, mais aussi l'ensemble de l'infrastructure, y compris les stations et les structures auxiliaires. En exploitant les énergies renouvelables, Hyperloop a le potentiel de réduire considérablement sa dépendance aux combustibles fossiles et de diminuer les émissions de carbone liées au transport.

De plus, la capacité d'utiliser l'énergie solaire de manière intégrée signifie que le système pourrait être neutre en carbone, voire à faible émission de carbone, selon la quantité d'énergie supplémentaire produite et stockée. À mesure que la production mûrit, elle ouvrira la voie à une transition mondiale vers des réseaux de transport décarbonés, contribuant ainsi significativement à la lutte contre le changement climatique.

Les avantages environnementaux de l'Hyperloop ne se limitent pas à son segment opérationnel. Le cycle de vie complet de la machine, de sa construction à son démantèlement, aura un impact sur sa durabilité. La construction des infrastructures de l'Hyperloop, qui comprennent les tubes à vide, les stations et les systèmes de propulsion, nécessite des matériaux, de l'énergie et des efforts considérables. Il est crucial d'évaluer l'empreinte carbone de ces matériaux et de l'électricité consommée pendant la phase de développement afin d'évaluer la durabilité de la machine.

Cependant, l'un des principaux avantages du tracé Hyperloop réside dans son utilisation extrêmement réduite du sol par rapport aux infrastructures de transport conventionnelles. La construction d'autoroutes, de voies ferrées et d'aéroports nécessite d'importantes surfaces de terrain, ce qui entraîne régulièrement déforestation, destruction d'habitats et perturbation des écosystèmes. En revanche, l'Hyperloop pourrait être construit en surface, sur des voies rapides, ou en sous-sol, dans des tunnels, minimisant ainsi son impact sur l'environnement environnant. La conception compacte et écologique des stations Hyperloop réduit également le besoin d'infrastructures étendues, préservant ainsi les ressources foncières précieuses.

De plus, la conception modulaire de l'Hyperloop permet une croissance fluide et une grande flexibilité, sans nécessiter de reconstruction ou d'extension constante des infrastructures. Cela réduit non seulement le coût environnemental des travaux de construction, mais permet également une approche plus flexible pour répondre aux besoins croissants en matière de transport, de manière durable.

Si la capacité environnementale d'Hyperloop est considérable, plusieurs défis et considérations doivent néanmoins être pris en compte pour concrétiser pleinement ses ambitions de durabilité. L'une des principales difficultés réside dans la fabrication et l'élimination des substances utilisées dans la production du système. Par exemple, la production de métal, de béton et d'autres matériaux nécessaires à la fabrication des tubes à vide et de l'infrastructure est gourmande en énergie et contribue aux émissions de carbone. Le développement de nouveaux matériaux durables et la réduction de l'empreinte carbone des techniques de production seront essentiels pour garantir qu'Hyperloop demeure une solution écologiquement viable.

Un autre élément à prendre en compte est l'impact environnemental à long terme du stockage d'électricité et de la technologie des batteries. Si les sources d'énergie renouvelables comme l'énergie solaire peuvent fournir l'énergie nécessaire au fonctionnement de l'appareil, des solutions de stockage d'énergie peuvent être nécessaires pour assurer un fonctionnement régulier, notamment en cas de faible luminosité ou de pics de demande. Le développement de structures de stockage d'énergie vertes et durables, associées à une technologie de batterie avancée ou à d'autres types de stockage d'énergie, peut être essentiel pour préserver l'intégrité environnementale de l'appareil au fil des ans.

De plus, les impacts environnementaux potentiels des substances et des technologies utilisées dans la fabrication des véhicules et des infrastructures Hyperloop doivent être évalués avec prudence. Par exemple, les terres rares nécessaires à la construction de certains composants, notamment les aimants supraconducteurs du système de propulsion, doivent être issues de sources durables. L'exploitation minière de ces substances pourrait avoir des conséquences environnementales considérables si elle n'est pas gérée correctement. S'assurer que la chaîne d'approvisionnement des additifs d'Hyperloop soit à la fois éthique et respectueuse de l'environnement pourrait être crucial pour atténuer l'impact écologique général de la machine.

L'Hyperloop a le potentiel de jouer un rôle transformateur dans les aspirations internationales en matière de développement durable, notamment en s'attaquant aux émissions liées aux transports et en réduisant la dépendance aux combustibles fossiles. Les Objectifs de développement durable (ODD) des Nations Unies soulignent l'importance des villes et des collectivités durables, d'une énergie simple et peu coûteuse, et de la mobilité durable. L'intégration de l'Hyperloop aux réseaux de transport modernes devrait contribuer directement à ces objectifs en offrant une alternative fluide et économe en énergie aux modes de transport traditionnels.

En réduisant sensiblement les émissions liées aux transports et en minimisant la consommation d'énergie, Hyperloop devrait devenir un élément clé de la mobilité durable, contribuant ainsi à la transition vers une économie bas carbone. De plus, son potentiel à relier plus efficacement les villes et les territoires, tout en réduisant les coûts environnementaux, s'inscrit dans la tendance mondiale à l'urbanisation et le besoin de solutions d'infrastructures durables. En réduisant les déplacements routiers et aériens, Hyperloop peut également réduire la congestion routière et alléger la pression sur les systèmes de transport existants, contribuant ainsi à la durabilité environnementale.

L'Hyperloop représente une solution prometteuse et innovante pour relever les défis environnementaux du transport moderne. Son potentiel de réduction des émissions de carbone, d'utilisation de sources d'énergie renouvelables et de limitation de l'empreinte écologique ouvre une voie prometteuse vers des réseaux de transport durables. Cependant, la concrétisation de ces avantages dépendra de la maîtrise des contraintes techniques, matérielles et logistiques, notamment en termes de production et de stockage d'énergie.

Bien qu'il n'en soit qu'à ses débuts, la promesse d'un système de transport neutre en carbone, voire décarboné, positionne Hyperloop comme un acteur potentiel de changement dans la lutte mondiale contre le changement climatique. En répondant aux préoccupations environnementales et en proposant une alternative durable aux modes de transport traditionnels, Hyperloop entend redéfinir l'avenir du voyage et contribuer à une planète plus propre et plus verte pour les générations futures.

4.2. Utilisation efficace des ressources naturelles

Alors que le monde du sport est confronté à l'urgence de réduire son impact environnemental et d'adopter des pratiques durables, l'utilisation écologique des ressources naturelles est devenue un enjeu majeur du développement des technologies actuelles. Hyperloop, un nouveau moyen de transport prometteur, offre une excellente capacité à exploiter les ressources naturelles de manière plus efficace que les modes de transport conventionnels.

L'un des principaux principes de la technologie Hyperloop réside dans son efficacité énergétique. Le système est conçu pour réduire la consommation d'énergie grâce à son fonctionnement optimisé. Contrairement aux modes de transport traditionnels, qui reposent sur des mécanismes à forte friction, comme des roues sur chenilles ou des réacteurs à carburant, la conception d'Hyperloop minimise les frottements grâce à l'utilisation d'un environnement proche du vide dans les tubes. L'absence de résistance de l'air et la réduction des frottements entre le véhicule et la musique permettent de réduire considérablement la consommation d'énergie nécessaire pour atteindre et maintenir des vitesses élevées. Cette caractéristique essentielle de la conception réduit considérablement la puissance nécessaire au transport de passagers et de marchandises, ce qui la rend bien plus efficace que les moyens de transport modernes.

De plus, Hyperloop devrait s'appuyer fortement sur des sources d'énergie renouvelables, principalement l'énergie solaire. Des panneaux solaires installés le long de la ligne Hyperloop peuvent exploiter la lumière du jour pour produire de l'électricité. Dans un système optimal, l'électricité produite par les panneaux solaires pourrait non seulement alimenter le système Hyperloop, mais également fournir un surplus d'énergie à réinjecter dans le réseau. Cette source d'énergie durable réduirait la dépendance aux combustibles fossiles, réduisant ainsi l'impact environnemental et favorisant une utilisation plus responsable des ressources naturelles.

L'utilisation d'énergie renouvelable garantit également une empreinte carbone minimale du dispositif Hyperloop, contribuant ainsi au renouvellement des ressources naturelles et à la réduction de l'épuisement des ressources énergétiques non renouvelables, telles que le charbon, le pétrole et les combustibles fossiles. En offrant une alternative potentielle aux transports alimentés par des combustibles fossiles, Hyperloop pourrait jouer un rôle clé dans les efforts mondiaux visant à réduire la consommation d'électricité et à se rapprocher d'une infrastructure énergétique plus durable.

Les substances utilisées dans la construction de l'infrastructure Hyperloop jouent également un rôle important dans son impact environnemental. Les infrastructures de transport traditionnelles, telles que les routes, les voies ferrées et les aéroports, consomment de grandes quantités de ressources naturelles lors de leur construction. Hyperloop vise à réduire la consommation de matériaux grâce à ses stratégies de conception et de fabrication innovantes, favorisant ainsi une utilisation durable des matériaux.

Par exemple, le développement des tubes Hyperloop nécessite des matériaux à haute résistance, tandis que la conception privilégie des matériaux à la fois légers et durables.

Ces matériaux légers réduisent le besoin de renforcement structurel excessif et diminuent la puissance globale requise pour le transport. De plus, la conception efficace du dispositif permet de réduire la quantité de matériaux nécessaires à la fabrication, réduisant ainsi la pression sur les ressources naturelles.

Le développement de matériaux plus récents et plus durables joue également un rôle essentiel dans la viabilité à long terme de la machine. Par exemple, des composites avancés et d'autres matériaux innovants, plus légers, plus résistants et plus respectueux de l'environnement, sont à l'étude pour l'infrastructure Hyperloop. Ces matériaux réduisent non seulement l'empreinte carbone pendant la phase de développement, mais garantissent également la résilience et l'efficacité de la machine au fil des ans, prolongeant ainsi sa durée de vie et minimisant les besoins d'entretien ou de remplacement fréquents.

En matière de création automobile, les modules Hyperloop sont conçus pour être fluides et efficaces, avec une approche minimaliste des additifs. En réduisant la quantité de composants et de matériaux utilisés dans la conception des véhicules, Hyperloop contribue à l'utilisation durable des ressources.

Outre l'énergie et les matériaux, l'aménagement du territoire est un autre élément essentiel à prendre en compte lors de l'évaluation de la durabilité des infrastructures de transport. Les infrastructures traditionnelles, comme les autoroutes, les voies ferrées et les aéroports, nécessitent de vastes superficies de terrain, ce qui entraîne régulièrement la destruction d'habitats naturels, la déforestation et d'autres perturbations environnementales. En termes d'évaluation, la conception d'Hyperloop permet une utilisation plus efficace des terres, réduisant ainsi l'empreinte écologique des infrastructures de transport.

Les structures Hyperloop peuvent être construites en hauteur sur des voies améliorées, ce qui minimise le besoin de dépolluer de vastes zones de terrain pour leur construction. En surélevant l'appareil, Hyperloop évite les conflits avec les usages actuels du sol et préserve l'environnement environnant. De plus, la disposition compacte des stations et terminaux Hyperloop réduit la surface nécessaire à l'installation, facilitant ainsi son intégration dans les paysages urbains actuels sans occuper de vastes surfaces ni contribuer à l'étalement urbain.

L'Hyperloop pourrait également être construit sous terre, ce qui réduirait son impact environnemental en évitant le recours à des infrastructures au sol volumineuses. Les systèmes souterrains auraient une interaction minimale avec les écosystèmes naturels et pourraient réduire le besoin d'acquisition de terrains, facilitant ainsi l'intégration de l'Hyperloop dans des zones urbaines densément peuplées.

L'utilisation efficace du territoire contribue également à la viabilité financière du dispositif. Avec moins de terrains nécessaires aux infrastructures, le coût de la construction peut être réduit et des options plus flexibles en matière d'urbanisme et de développement deviennent disponibles. En préservant les paysages naturels et en réduisant le besoin de modifications foncières à grande échelle, Hyperloop propose une approche plus durable et plus écologique des infrastructures de transport.

Un autre aspect de la gestion des ressources en eau et des déchets dans la conception d'Hyperloop est sa gestion. Comme les structures Hyperloop fonctionnent dans des conditions de quasi-vide et avec un frottement mécanique minimal, elles sont beaucoup moins susceptibles de générer la pollution environnementale généralement associée aux systèmes de transport, comme le ruissellement des eaux, les déchets ou les émissions dangereuses. Comme la technologie repose sur un système en boucle fermée, la quantité de déchets générés tout au long de l'exploitation est minimisée, ce qui réduit également l'empreinte environnementale.

De plus, la capacité d'Hyperloop à être alimenté par l'énergie solaire et d'autres sources renouvelables réduit le recours à des systèmes de production d'énergie hydroélectrique, comme le charbon ou les centrales nucléaires. Ces sources d'énergie, qui nécessitent généralement de l'eau courante pour leur refroidissement, contribuent à l'épuisement des ressources en eau locales. En utilisant des sources d'énergie durables,

Hyperloop évite ces effets néfastes et contribue ainsi à la préservation de l'eau.

L'utilisation efficace des ressources naturelles est un élément clé de la capacité d'Hyperloop à assurer un avenir durable. En privilégiant l'efficacité énergétique, l'utilisation durable des matériaux, la préservation des terres et la minimisation de l'impact sur les ressources en eau, Hyperloop peut devenir une nouvelle référence en matière de transport. Sa capacité à réduire la dépendance aux énergies fossiles, à optimiser l'utilisation des ressources et à limiter les perturbations environnementales le positionne comme un acteur clé de la transition mondiale vers un avenir plus durable et plus respectueux de l'environnement. Hyperloop représente une avancée majeure dans notre réflexion sur l'utilisation de l'énergie dans les transports, et peut inspirer de nouvelles technologies dans tous les secteurs d'activité.

4.3. L'impact environnemental des technologies avancées

Alors que le monde du transport se tourne de plus en plus vers des technologies de pointe, il est crucial de prendre en compte non seulement leurs avantages en termes de capacité, mais aussi leur impact environnemental. Si des innovations comme l'Hyperloop promettent des avancées considérables en termes de vitesse, d'efficacité et de durabilité, leurs effets environnementaux plus larges doivent être évalués avec soin.

L'un des principaux avantages environnementaux de la technologie Hyperloop réside dans sa capacité à réduire la consommation d'énergie. Les modes de transport traditionnels, notamment la voiture, le train et l'avion, dépendent fortement des combustibles fossiles, contribuant à la pollution atmosphérique, aux émissions de carbone et à l'épuisement des ressources non renouvelables. Hyperloop, quant à lui, est conçu pour être économe en énergie et devrait fonctionner grâce à des sources d'énergie renouvelables, dont l'énergie solaire. Ce passage aux énergies renouvelables constitue une étape importante vers la réduction de l'empreinte environnementale des systèmes de transport.

La configuration de la machine Hyperloop minimise les pertes d'énergie grâce à l'utilisation d'un tube à vide qui réduit considérablement la résistance de l'air, permettant aux moteurs de tourner à grande vitesse avec une consommation d'énergie réduite. De plus, l'infrastructure Hyperloop sera probablement alimentée par des panneaux solaires installés le long des voies, produisant potentiellement plus d'énergie que la machine n'en consomme. Ce surplus d'énergie pourrait être réinjecté dans le réseau, faisant d'Hyperloop un contributeur net à une production d'énergie fluide.

En s'appuyant sur les énergies renouvelables, Hyperloop est en mesure de réduire considérablement les émissions de carbone liées aux déplacements, ce qui en fait une option bien plus durable que les modes de transport traditionnels. Cependant, l'impact environnemental à long terme de la consommation d'électricité dépendra de la disponibilité et de l'adoption à grande échelle des énergies renouvelables, ainsi que de la capacité à préserver les performances énergétiques à mesure que le dispositif évoluera.

La création de tout système de transport à grande échelle nécessite des ressources considérables, tant en matières premières qu'en électricité. Cependant, Hyperloop a été conçu pour optimiser son utilisation, réduisant ainsi son impact environnemental dès sa phase de développement. Les infrastructures de transport traditionnelles, comme les autoroutes et les voies ferrées, consomment souvent d'importantes quantités de terres, d'acier, de béton et d'autres matières premières. Hyperloop, grâce à son architecture soignée et optimisée, minimise les besoins en aménagements de terrain et diminue la quantité de matériaux nécessaires à sa production.

La légèreté et la haute énergie des matériaux utilisés sont particulièrement importantes dans la conception d'Hyperloop. Grâce à l'utilisation de composites avancés et d'autres matériaux innovants, Hyperloop minimise le poids structurel du dispositif, réduisant ainsi la consommation d'électricité nécessaire au transport des passagers et du fret. Cette performance des matériaux est essentielle à la durabilité du système, car elle contribue à réduire l'empreinte environnementale globale de sa création.

De plus, l'efficacité des matériaux utilisés dans la production d'Hyperloop contribue à la robustesse de l' infrastructure. Contrairement aux structures de transport maritime conventionnelles, qui nécessitent des réparations ou des reconstructions fréquentes, l'utilisation de matériaux durables par Hyperloop peut prolonger la durée de vie du dispositif et réduire le besoin d'interventions d'entretien intensif.

La configuration d'Hyperloop minimise également la production de déchets et d'émissions nocives. Les infrastructures de transport conventionnelles sont très polluantes, notamment les gaz d'échappement des véhicules et des avions, les nuisances sonores des trains et la chaleur générée par les réseaux routiers. Hyperloop, quant à lui, fonctionne dans un environnement contrôlé et étanche qui réduit le risque de pollution.

Grâce à sa propulsion électromagnétique et à un tube à vide, le système s'affranchit des frottements mécaniques, sources de chaleur, de bruit et d'émissions polluantes dans les structures traditionnelles. La propulsion électromagnétique est très efficace et ne produit que peu, voire pas, de déchets en fonctionnement. De plus, les stations et infrastructures Hyperloop intégreront probablement des systèmes de gestion des déchets minimisant les dommages environnementaux, réduisant ainsi encore l'empreinte écologique du système.

L'une des préoccupations environnementales fondamentales liées aux infrastructures de transport est leur impact sur les écosystèmes, la flore et la faune. Les routes, les voies ferrées et les aéroports nécessitent souvent d'immenses surfaces, ce qui entraîne la destruction des habitats, la déforestation et la perturbation des migrations de la faune. Hyperloop a cependant été conçu pour minimiser ces perturbations.

La conception surélevée des tubes Hyperloop permet de construire une grande partie du système en surface, évitant ainsi de perturber les écosystèmes qui peuvent être implantés au sol. En utilisant les infrastructures urbaines existantes et en intégrant le dispositif dans des zones déjà aménagées, Hyperloop réduit le besoin d'acquisition de nouveaux terrains et diminue l'impact environnemental sur les habitats naturels intacts.

De plus, la création d'Hyperloop devrait se concentrer sur les zones déjà peuplées, comme les axes de transport ou les zones urbanisées, réduisant ainsi le besoin d'empiéter sur les paysages couverts ou les zones écologiquement sensibles. Cette gestion prudente des sols contribuera à préserver les écosystèmes et à prévenir la dégradation environnementale souvent associée aux projets d'infrastructures de grande envergure.

La durabilité à long terme de la technologie Hyperloop repose non seulement sur ses avantages environnementaux immédiats, mais aussi sur son évolutivité et son intégration aux systèmes de transport mondiaux. Alors que le secteur évolue vers des sources d'énergie plus propres et des infrastructures plus durables, Hyperloop devrait jouer un rôle essentiel dans la transformation des modes de déplacement des personnes et des biens à travers la planète.

Le potentiel de réduction des émissions mondiales de carbone grâce à l'adoption à grande échelle de la technologie Hyperloop est considérable. Si Hyperloop parvient à remplacer efficacement les moyens de transport conventionnels, il pourrait réduire considérablement les émissions de gaz à effet de serre du secteur des transports, l'un des principaux responsables du réchauffement climatique. Cependant, les bénéfices environnementaux ne seront pleinement exploités que si la production peut être déployée à grande échelle et intégrée aux réseaux actuels, tout en conservant ses performances énergétiques et sa conception à faible empreinte carbone.

La capacité d'Hyperloop à réduire la congestion du trafic mondial contribue également à son impact environnemental. En proposant un mode de transport plus rapide et plus efficace, il permet de réduire le recours aux transports routiers et ferroviaires traditionnels, allégeant ainsi la pression sur les zones urbaines congestionnées et diminuant l'impact environnemental global du transport.

Dans un contexte plus large, Hyperloop peut également favoriser des améliorations dans d'autres secteurs, notamment l'urbanisme, les structures durables et les réseaux électriques. Les enseignements tirés de la conception environnementale d'Hyperloop devraient avoir un impact sur l'amélioration d'autres projets de technologies et d'infrastructures de transport, favorisant ainsi un système financier mondial plus durable.

L'impact environnemental de technologies de pointe comme Hyperloop dépendra à long terme de leur capacité à concilier les avantages de l'innovation et la nécessité de protéger les ressources naturelles de la planète. Les principes de conception d'Hyperloop, axés sur la performance énergétique, les matériaux durables, la réduction des déchets et la protection des écosystèmes, en font un leader dans la transition vers des systèmes de transport plus durables. Cependant, pour pleinement comprendre son potentiel environnemental, Hyperloop doit continuer à s'adapter aux progrès en matière d'énergies renouvelables, de gestion des ressources et de développement des infrastructures. En intégrant la durabilité à tous les niveaux, Hyperloop peut devenir un acteur de transformation dans la lutte contre le changement climatique et un modèle pour les technologies respectueuses de l'environnement de demain.

4.4. Utilisation durable des matériaux dans la construction

La production de l'infrastructure Hyperloop représente une mission d'ingénierie colossale, exigeant des matériaux qui répondent non seulement à des normes de performance rigoureuses, mais aussi aux principes de durabilité environnementale. L'utilisation de matériaux durables dans la production Hyperloop est essentielle pour minimiser l'empreinte écologique du système tout en garantissant durabilité, sécurité et rentabilité. En intégrant des matériaux écologiques de pointe et des techniques de construction innovantes, les projets Hyperloop visent à établir de nouvelles normes en matière de développement responsable d'infrastructures dans le secteur des transports.

Un enjeu essentiel de la production durable pour Hyperloop réside dans le choix de matériaux à faible empreinte carbone (émissions de gaz à effet de serre générées lors de l'extraction, de la transformation, de la fabrication et du transport). Les matériaux de construction traditionnels, comme le béton et l'acier, sont très résistants à produire et contribuent fortement aux émissions mondiales de carbone. Pour y remédier, les ingénieurs d'Hyperloop explorent des alternatives, notamment des mélanges de béton à faible empreinte carbone intégrant des matières cimentaires supplémentaires (MCS) comme les cendres volantes ou les scories, qui réduisent le besoin de ciment Portland et, par conséquent, les émissions de carbone. De même, les métaux recyclés et autres métaux à faibles émissions de production sont privilégiés lorsque l'énergie structurelle est essentielle.

Au-delà de la réduction des émissions de carbone, la longévité et la recyclabilité des matériaux sont des considérations essentielles. Les composants utilisés dans l'infrastructure Hyperloop doivent résister aux fortes contraintes mécaniques, à l'exposition environnementale et aux activités sismiques sans remplacement ni réparation réguliers. Les matériaux durables prolongent la durée de vie de l'infrastructure, réduisant ainsi la consommation de ressources au fil du temps. De plus, la conception intègre des éléments modulaires et recyclables, permettant la récupération et la réutilisation des matériaux en fin de vie du dispositif, réduisant ainsi les déchets et l'impact environnemental.

Les composites innovants et les substances biosourcées occupent également une place importante dans la production durable d'Hyperloop. Les polymères renforcés de fibres avancés offrent un excellent rapport résistance/poids, une résistance à la corrosion et une flexibilité de conception, permettant des systèmes plus légers nécessitant moins de matière première et de résistance pour leur production et leur livraison. Certaines initiatives explorent l'association de liants biosourcés ou de fibres végétales, ce qui réduit la dépendance aux produits dérivés des combustibles fossiles et améliore la biodégradabilité.

La performance de l'eau à chaque étape de la production est un autre facteur critique. Des techniques telles que l'utilisation d'eau recyclée dans la fabrication du béton, la récupération des eaux de pluie sur les chantiers et la réduction des méthodes consommatrices d'eau contribuent à préserver les précieuses ressources en eau douce. La gestion du ruissellement et la lutte contre l'érosion des sols grâce à des infrastructures vertes s'inscrivent également dans la logique du développement durable.

De plus, l'approvisionnement local en substances, lorsque cela est possible, réduit les émissions liées au transport et soutient les économies régionales. La proximité des fournisseurs peut réduire considérablement l'empreinte carbone liée à la logistique et favoriser l'engagement du réseau dans les projets Hyperloop.

Les pratiques de production durables sont complétées par des stratégies de conception intelligentes visant à réduire l'utilisation de tissu sans compromettre la sécurité ni la performance globale. L'optimisation par modélisation informatique, la préfabrication des composants et les techniques de production modulaire rationalisent le système de construction, minimisent les déchets et accélèrent les délais de réalisation.

L'utilisation de matériaux durables dans la construction de l'Hyperloop représente une approche holistique qui concilie la gestion environnementale avec les exigences techniques d'un système de transport contemporain. En adoptant des matériaux sobres en carbone, durables, recyclables et modernes, ainsi que des pratiques de production écologiques, l'infrastructure Hyperloop illustre le potentiel des projets d'ingénierie de grande envergure pour stimuler le progrès technologique et atteindre les objectifs de développement durable. Cet engagement permet non seulement d'atténuer l'impact environnemental de la construction de l'Hyperloop, mais renforce également le rôle moteur de la technologie dans l'avenir des transports verts.

CHAPITRE 5

Impacts socio-économiques de l'Hyperloop

5.1. Impact sur les espaces de vie

L'arrivée de l'ère Hyperloop devrait avoir de profondes répercussions sur les espaces de vie, transformant la manière dont les humains vivent, travaillent et interagissent avec leur environnement. La capacité de l'Hyperloop à réduire considérablement les temps de déplacement entre les villes, les régions et même les pays redéfinira la perception de la proximité des centres urbains par les individus et les groupes, modifiant potentiellement la dynamique des espaces résidentiels et industriels.

L'un des effets les plus répandus de l'Hyperloop sur les zones urbaines pourrait être la décentralisation des populations urbaines. Actuellement, les grandes villes constituent des pôles économiques, culturels et sociaux précieux, attirant les habitants pour leurs activités, leurs établissements d'enseignement, leurs établissements de santé et leurs loisirs. Cependant, le temps et le coût souvent élevé des transports limitent la possibilité de vivre dans les zones rurales ou suburbaines tout en conservant l'accès aux avantages urbains. La promesse d'Hyperloop de déplacements à proximité immédiate permettra de réduire ces obstacles, en permettant aux habitants de séjourner dans des zones plus spacieuses et plus abordables, loin de l'encombrement des centres-villes, sans compromettre l'accès au travail, au commerce et aux services.

Par exemple, les habitants pourraient préférer vivre dans des quartiers suburbains plus calmes ou dans des villes plus petites, car Hyperloop leur permettra de se rendre facilement dans les grandes villes pour travailler ou se divertir. Cette évolution pourrait alléger les pressions de l'urbanisation, réduire la surpopulation dans les mégapoles et atténuer les problèmes tels que la pénurie de logements, les prix élevés de l'immobilier et la dégradation de l'environnement. Au lieu de se sentir obligés de se déplacer vers une ville pour de meilleures perspectives d'emploi ou des opportunités sociales, les habitants auront la liberté de choisir un lieu de vie adapté à leur style de vie, qu'il s'agisse d'un environnement proche de la nature, de logements plus abordables ou, tout simplement, d'un environnement moins exigeant.

L'efficacité de l'Hyperloop pourrait également repenser la notion de « domicile » et la distance que les gens sont prêts à parcourir pour le travail ou les loisirs. Avec des temps de déplacement considérablement réduits, les gens doivent vivre plus loin de leur lieu de travail ou de leurs destinations préférées, créant ainsi des communautés et des zones économiques plus accessibles. L'Hyperloop peut également transformer les longs trajets domicile-travail en une dimension du futur, permettant à un plus grand nombre de zones résidentielles de prospérer, les gens n'étant plus contraints de vivre à proximité de leur lieu de travail. Cela devrait favoriser une répartition plus équilibrée de la population et une utilisation plus équilibrée des terres, contribuant ainsi à lutter contre l'étalement urbain et à préserver les environnements naturels.

Les changements dans les espaces de vie ne seront plus seulement physiques, mais aussi sociaux. Avec l'expansion des espaces de proximité grâce à Hyperloop, les individus pourront développer des identités locales plus fortes et tisser des liens plus forts avec les communautés éloignées, contribuant ainsi à réduire l'isolement souvent présent dans les régions éloignées. À mesure que les villes deviennent plus interconnectées, les possibilités de favoriser les interactions et les collaborations culturelles se multiplient. Par exemple, les habitants des petites villes pourront plus facilement assister aux événements, expositions et conférences des grandes villes ou interagir avec des experts du monde entier. De même, les professionnels pourront s'installer dans des régions plus calmes et plus paisibles sans risquer de perdre l'accès aux opportunités de carrière ou aux réseaux professionnels.

De plus, la valeur des biens immobiliers dans les zones proches des stations Hyperloop devrait augmenter, la facilité de connectivité devenant un argument de vente de premier ordre. Les zones accessibles à Hyperloop attireront probablement de nouveaux investissements et des projets de développement immobilier, créant une combinaison de zones résidentielles, commerciales et à usage mixte répondant aux nouveaux besoins d'une société mobile et interconnectée. Les promoteurs immobiliers pourraient être intéressés par la construction de logements, de bureaux et de lieux de divertissement à proximité des stations Hyperloop afin de tirer parti de cette connectivité accélérée. Cela pourrait stimuler l'essor de communautés dynamiques et autonomes autour de ces pôles, alliant confort et qualité de vie.

Cependant, ces changements pourraient également s'accompagner de défis en termes de compétences. Le développement rapide des zones autour des stations Hyperloop pourrait également entraîner une augmentation de la demande de terrains, une hausse des prix et potentiellement une difficulté pour les personnes à faibles revenus à trouver des logements abordables dans des quartiers prisés. Face à l'afflux croissant de personnes dans ces zones, les gouvernements et les autorités locales devront gérer avec prudence les plans d'urbanisme et le développement des infrastructures afin de prévenir la gentrification et de garantir que ces nouveaux pôles restent accessibles à une population diversifiée.

De plus, si la décentralisation des populations peut également réduire la pression sur les zones urbaines, elle peut également peser sur les régions rurales ou suburbaines, qui ne disposent pas toujours des infrastructures nécessaires pour gérer un afflux rapide de population. Les collectivités locales devront se préparer à l'essor démographique en modernisant les logements, les soins de santé, les écoles et les services publics pour accueillir cette population croissante. Cela nécessitera des investissements massifs dans les infrastructures afin de garantir que les zones nouvellement créées soient non seulement pratiques, mais aussi durables à long terme.

L'impact d'Hyperloop sur les espaces de vie sera transformateur, offrant aux citoyens de plus grandes possibilités quant à leur lieu de vie et à leurs interactions avec le monde. En réduisant les contraintes de temps et de distance, il permettra une nouvelle vague d'urbanisme privilégiant la mobilité, la connectivité et la qualité de vie. Si les défis liés aux infrastructures, au logement et aux inégalités économiques pourraient également s'accentuer, l'impact global d'Hyperloop pourrait se traduire par une approche plus équilibrée et dynamique du développement urbain, favorisant le développement de communautés prospères et interconnectées, favorisant la croissance, l'inclusion et la durabilité.

5.2. Main-d'œuvre et opportunités d'emploi: Nouveaux horizons

La mise en œuvre de la technologie Hyperloop est sur le point de transformer radicalement le marché mondial du travail et de créer de nouvelles opportunités dans divers secteurs. En révolutionnant les transports et en permettant des déplacements ultra-rapides entre les villes et les régions, Hyperloop influencera non seulement les déplacements humains, mais transformera également les industries, les économies et les modes de travail. De nouvelles catégories de processus à l'émergence de nouvelles industries, Hyperloop pourrait avoir un impact profond sur les opportunités de travail et d'emploi, directement et indirectement.

L'un des principaux résultats d'Hyperloop pourrait être la création de perspectives d'activité inédites dans les domaines de la recherche, de l'ingénierie, de la production et de l'exploitation. La conception, le développement et la maintenance des structures Hyperloop nécessiteraient une équipe hautement qualifiée dans plusieurs disciplines. Les ingénieurs spécialisés dans les systèmes de transport, la génération électromagnétique, les technologies du vide et la conception structurelle seront particulièrement sollicités, car ces domaines sont essentiels à la réussite du déploiement du dispositif. Le développement d'Hyperloop pourrait également nécessiter des améliorations des structures énergétiques, des mécanismes de protection et des technologies d'automatisation, générant ainsi de nouvelles opportunités d'emploi dans des domaines tels que la production d'énergie, la cybersécurité et la robotique.

Outre le personnel technique nécessaire à la création et à la maintenance de l'infrastructure Hyperloop, la demande de travailleurs dans les secteurs auxiliaires pourrait être importante. La production des stations, terminaux et réseaux Hyperloop nécessitera une grande diversité de travailleurs, des architectes et urbanistes aux employés de production et aux gestionnaires d'installations. L'exploitation des systèmes Hyperloop, ainsi que la billetterie, la planification, le support client et le contrôle quotidien, entraîneront également la création de nombreux emplois liés aux services. À mesure que l'Hyperloop deviendra opérationnel et que la technologie évoluera, la demande de personnel qualifié en logistique, analyse statistique et gestion de réseau augmentera de manière exponentielle.

Le potentiel de l'Hyperloop pour réduire les temps de trajet sur de longues distances pourrait également avoir un impact profond sur les marchés du travail locaux. Les zones reculées ou rurales, historiquement peu attractives pour les entreprises en raison de leur isolement géographique, pourront rivaliser pour attirer les compétences et les financements. Les liaisons à haut débit permettront aux travailleurs de rester à distance de leur employeur tout en réduisant considérablement le temps de trajet. Par conséquent, les entreprises des grands centres urbains pourraient également trouver plus facile de recruter des compétences dans un bassin géographique plus large, offrant ainsi davantage de possibilités aux employés des régions autrefois mal desservies. Cette évolution profitera non seulement au vivier de compétences, mais soutiendra également la croissance des économies locales, les industries de ces régions ayant accès à une main-d'œuvre plus importante.

De plus, les secteurs liés au tourisme, aux loisirs et aux divertissements connaîtront une croissance exponentielle grâce à la capacité d'Hyperloop à relier facilement les régions éloignées. Les déplacements devenant plus rapides et plus accessibles, les voyageurs auront davantage de possibilités de visiter les villes voisines, d'assister à des conférences ou à des activités, et de s'adonner à des loisirs sans les contraintes de longs trajets. Cette facilité de déplacement stimulera la demande de travailleurs dans les secteurs de l'hôtellerie, du commerce de détail et du tourisme, favorisant ainsi l'essor des industries dépendantes du tourisme et des loisirs. La circulation accrue des personnes et des marchandises améliorera encore les possibilités d'activité dans la distribution, la gestion de la chaîne d'approvisionnement et les services associés à ces secteurs.

Au-delà des secteurs spécifiques, l'impact économique plus large d'Hyperloop pourrait favoriser le développement de secteurs totalement nouveaux. Hyperloop pourrait ouvrir la voie à de nouveaux types d'échanges commerciaux, dépendant de la rapidité de la circulation des biens et des produits entre des zones reculées. La réduction des délais et des coûts de transport pourrait créer des chaînes d'approvisionnement plus efficaces, incitant les entreprises à adopter de nouveaux modèles logistiques intégrant un contrôle dynamique des stocks plus rapide et plus performant. Cela devrait générer des emplois dans des secteurs comme la logistique, l'entreposage et la gestion des stocks, ainsi que dans des secteurs émergents comme les achats en réalité virtuelle et les activités de streaming en direct, où les frontières géographiques deviennent moins contraignantes.

Le développement d'Hyperloop pourrait même avoir des répercussions sur le marché du travail à la demande, qui a connu une croissance rapide ces dernières années. Avec la possibilité de se déplacer rapidement d'une ville à l'autre, les gens pourraient de plus en plus opter pour le travail indépendant ou contractuel, sachant qu'ils peuvent facilement se déplacer pour rencontrer clients ou employeurs. Cela pourrait entraîner une augmentation des opportunités de travail à distance, permettant aux employés de proposer leurs services à des entreprises du monde entier tout en conservant un mode de vie flexible. Hyperloop pourrait également, à terme, soutenir l'idée d'une « main-d'œuvre internationale », où l'espace ne constitue plus une contrainte pour les opportunités d'emploi. Cette dynamique favoriserait de nouveaux modèles de collaboration et d'innovation, permettant aux employés de travailler au-delà des frontières sans difficulté, voire sans difficulté.

Cependant, l'adoption massive de la technologie Hyperloop pose également des défis aux travailleurs actuels. À mesure que les industries se restructurent et que les transports deviennent plus rapides et plus efficaces, certains métiers traditionnels peuvent devenir obsolètes ou subir des perturbations majeures. Par exemple, les emplois dans le transport longue distance, comme ceux du camionnage ou du rail conventionnel, seront impactés négativement par la transition vers des déplacements plus rapides et plus efficaces. Des programmes de reconversion professionnelle peuvent également être nécessaires pour que les travailleurs des secteurs traditionnels acquièrent les compétences nécessaires pour prospérer dans le nouveau système économique. Les gouvernements, les établissements d'enseignement et les entreprises devront collaborer pour développer des programmes de reconversion professionnelle qui préparent les travailleurs aux rôles de demain.

De plus, la progression de l'automatisation dans les systèmes Hyperloop, notamment les pods autonomes, la billetterie informatisée et la maintenance pilotée par l'IA, pourrait également entraîner des déplacements de personnel dans certains secteurs. L'automatisation de la livraison et des industries associées devrait réduire le nombre d'emplois dans certains secteurs, même si elle peut également entraîner la création de postes dans des domaines tels que le développement de l'IA, la programmation et la maintenance des systèmes. Trouver un équilibre entre automatisation et opportunités d'emploi pourrait être un défi essentiel pour les décideurs politiques et les chefs d'entreprise afin d'assurer une transition en douceur pour les employés dont les emplois pourraient être impactés par ces changements.

La technologie Hyperloop peut créer une grande variété d'emplois dans de nombreux secteurs, de l'ingénierie et de la production à l'hôtellerie, en passant par la logistique et bien d'autres. En facilitant des déplacements plus rapides et plus écologiques, elle ouvrira de nouvelles perspectives de mobilité professionnelle, permettant aux travailleurs d'accéder à des opportunités d'emploi dans des zones géographiques plus vastes. Cependant, ces changements nécessiteront une planification et une réflexion minutieuses afin de garantir que les travailleurs possèdent les compétences nécessaires pour réussir sur un marché du travail en constante évolution. La révolution Hyperloop redéfinira sans aucun doute la façon de travailler, créant de nouvelles opportunités passionnantes tout en posant des défis qui nécessiteront une approche proactive.

5.3. Croissance économique et transformation mondiale

L'introduction de la technologie Hyperloop pourrait engendrer un formidable boom économique et catalyser une transformation profonde des économies mondiales. En réduisant considérablement les temps de déplacement entre les villes et les pays, Hyperloop favorisera les échanges verts, accélérera la circulation des biens et des services et contribuera à l'émergence de nouvelles industries. Cette innovation est sur le point de transformer le paysage économique mondial, créant un monde plus interconnecté, où les frontières seront moins un obstacle et les marchés plus fluides.

L'un des principaux moyens par lesquels Hyperloop contribuera à la croissance économique réside dans la facilitation de transports rapides et rentables. En offrant une opportunité efficace aux modes de transport longue distance actuels, tels que le train, l'avion et la livraison routière, Hyperloop peut réduire les coûts logistiques des entreprises et améliorer la performance des chaînes de livraison. Grâce à des échanges de biens et de services plus rapides et plus fiables, les industries qui dépendent d'une livraison rapide verront leur efficacité opérationnelle s'améliorer, leur permettant ainsi de conquérir plus facilement de nouveaux marchés. Cela pourrait être particulièrement avantageux pour des secteurs comme l'industrie manufacturière, la vente au détail et l'agriculture, où les coûts de transport représentent une part importante de la structure de valeur globale de la production.

En accélérant la circulation des personnes et des marchandises, Hyperloop ouvrira de nouvelles opportunités économiques aux régions autrefois isolées par la distance. Les zones éloignées des principaux pôles économiques pourront s'intégrer davantage aux réseaux commerciaux internationaux, leur donnant accès à des marchés plus vastes et favorisant le développement économique. Par exemple, les villes autrefois trop éloignées pour attirer des investissements ou une main-d'œuvre qualifiée pourraient bénéficier de la capacité d'Hyperloop à réduire considérablement les temps de trajet. La possibilité de se déplacer rapidement vers les principales métropoles permettra aux entreprises de ces régions d'attirer des compétences et des investissements, ce qui pourrait créer de nouveaux pôles de croissance économique au-delà des pôles urbains traditionnels. Cette démocratisation de l'accès contribuera à réduire les disparités économiques locales et à créer une économie mondiale plus équilibrée.

Outre la facilitation des échanges commerciaux, Hyperloop stimulera l'innovation en permettant des échanges et une collaboration plus rapides entre les entreprises et les instituts de recherche. La possibilité de se rendre facilement dans les principaux centres d'études médicales et technologiques, de congrès et de réunions d'affaires facilitera la collaboration transfrontalière et favorisera le développement de partenariats internationaux. Cet échange accru d'idées, de technologies et de technologies stimulera l'innovation dans divers secteurs, notamment la santé, l'énergie et les technologies environnementales. À mesure que les industries deviendront plus interconnectées, le coût du développement technologique augmentera probablement, propulsant ainsi la croissance économique mondiale.

De plus, la création d'une infrastructure Hyperloop peut avoir un impact financier considérable. Le développement de structures Hyperloop nécessiterait des investissements conséquents en études et développement, en production et en maintenance. Cela entraînerait une croissance de l'activité dans des secteurs tels que la construction, l'ingénierie, la gestion de projet et la production manufacturière, suscitant ainsi un intérêt financier considérable à court terme. À long terme, l'exploitation et la maintenance des structures Hyperloop bénéficieront à un large éventail de secteurs, du transport et de la logistique au service client et aux fonctions administratives. La demande de main-d'œuvre qualifiée dans des domaines tels que l'électromagnétisme, l'ingénierie des systèmes et l'automatisation pourrait également contribuer à l'économie au sens large, garantissant ainsi la prospérité des secteurs de l'information aux côtés des industries plus traditionnelles.

De plus, la technologie Hyperloop peut également créer de nouveaux modèles économiques et ouvrir de nouvelles perspectives à des secteurs totalement nouveaux. La capacité à voyager rapidement et efficacement transformera les secteurs du tourisme et des loisirs en rendant les régions autrefois reculées plus accessibles. Des villes autrefois considérées comme trop éloignées pour le tourisme pourront attirer des visiteurs du monde entier, stimulant ainsi les économies locales. La réduction des temps de trajet permettra de visiter plusieurs destinations en une seule journée, ouvrant la voie à de nouvelles activités dans des secteurs tels que l'hôtellerie, la restauration et les loisirs. De nouvelles formes de tourisme, notamment l'« hypertourisme », où l'on effectue de courts trajets pour visiter plusieurs villes ou pays, émergeront, entraînant une demande accrue en matière de transport et d'infrastructures, ainsi que de nouvelles opportunités économiques pour les acteurs du secteur.

Outre le tourisme, les secteurs liés à la connectivité mondiale, comme la finance et l'immobilier, connaîtront également des transformations profondes. Avec l'accélération des déplacements interurbains, les professionnels de secteurs comme la banque, l'assurance et le conseil pourront élargir leur portée géographique. Les connexions à haut débit leur permettront d'organiser des rencontres en face à face avec des clients de plusieurs villes au cours d'une même journée, stimulant ainsi la croissance des entreprises et renforçant les liens financiers entre les régions. De même, le marché immobilier sera pénalisé par l'accessibilité accrue des régions éloignées. L'étalement urbain, traditionnellement alimenté par la recherche de terrains et de logements abordables en périphérie des grandes villes, pourrait être inversé grâce à l'Hyperloop qui permet de vivre à l'écart des centres urbains tout en se déplaçant rapidement et facilement. Cette évolution des modèles immobiliers pourrait favoriser l'émergence de nouveaux pôles économiques dans des régions autrefois sous-développées.

L'impact de l'Hyperloop sur le système économique mondial s'étend au-delà des secteurs d'activité individuels et transforme le fonctionnement des économies. Cette technologie favorisera un système économique mondial plus intégré en éliminant les obstacles traditionnels liés à la distance et au temps. La circulation des personnes, des biens et des produits deviendra plus fluide, réduisant les frictions dans les échanges internationaux et ouvrant des marchés autrefois inaccessibles aux entreprises situées dans des zones isolées, petites ou grandes. Cela stimulera la concurrence, favorisera l'innovation et offrira aux consommateurs une plus grande variété de produits et d'offres à des prix plus compétitifs, contribuant ainsi à la croissance économique mondiale.

Cependant, ces avantages en termes de capacités peuvent aussi engendrer des défis. L'intégration économique renforcée permise par Hyperloop devrait exacerber les inégalités actuelles, notamment entre les régions et les pays ayant accès aux systèmes Hyperloop et ceux qui n'y ont pas accès. Si certaines régions connaîtront un essor économique important grâce à une connectivité accrue, d'autres pourraient avoir du mal à rattraper leur retard, créant ainsi un écart entre les nantis et les démunis au sein de l' économie mondiale. Pour que les bénéfices d'Hyperloop soient répartis équitablement, une planification et des investissements prudents dans les infrastructures, la technologie et l'éducation seront nécessaires afin que chaque région puisse tirer parti des nouvelles opportunités créées par le dispositif.

Par ailleurs, la mise en œuvre de la technologie Hyperloop nécessitera des financements importants et une coopération internationale, ce qui pourrait également poser des défis en termes de financement et de gestion du paysage politique. Les pays dotés de structures de transport déjà avancées seront plus enclins à s'engager dans la technologie Hyperloop, tandis que ceux dont les infrastructures sont moins développées pourraient également rencontrer davantage d'obstacles à l'entrée. Par conséquent, les décideurs politiques devront réfléchir avec prudence au financement des projets Hyperloop et s'assurer qu'ils bénéficient à la fois aux régions développées et en développement.

La technologie Hyperloop a le potentiel d'accroître considérablement la croissance économique mondiale en transformant les industries, en améliorant les performances et en ouvrant de nouveaux marchés. En réduisant les coûts de transport, en accélérant la circulation des produits et services et en favorisant l'innovation, Hyperloop pourrait transformer en profondeur le fonctionnement de l' économie mondiale. Son développement et son expansion ouvriront de nouvelles perspectives aux groupes, aux gouvernements et aux particuliers. Cependant, il sera essentiel de veiller à ce que les bénéfices de l'Hyperloop soient répartis équitablement et de relever les défis du financement et de la coopération politique pour garantir son succès à long terme et transformer l'économie mondiale.

5.4. Lutter contre les inégalités économiques

Le déploiement de la technologie Hyperloop est prometteur pour la transformation des transports internationaux, mais soulève également des questions cruciales sur les inégalités économiques. Si ce dispositif offre des déplacements plus rapides, plus écologiques et potentiellement plus économiques, ses bénéfices doivent être répartis équitablement afin d'éviter d'accentuer les fractures socio-économiques actuelles. La lutte contre les inégalités économiques dans le contexte de la mise en œuvre de l'Hyperloop exige des stratégies réfléchies garantissant l'accessibilité, l'inclusion et des chances équitables pour tous les segments de la société.

Au premier plan de ces préoccupations se trouve la question de l'accès. Historiquement, les avancées majeures en matière de transport ont parfois privilégié les populations aisées ou les centres-villes, laissant les groupes marginalisés ou ruraux mal desservis. Les projets Hyperloop, s'ils ne sont pas soigneusement planifiés, risquent de reproduire ce schéma en reliant généralement les villes ou régions prospères où les investissements sont plus rentables. Pour remédier à ce problème, les décideurs politiques et les urbanistes devraient privilégier une planification inclusive reliant les zones économiquement défavorisées aux grands pôles financiers, ouvrant ainsi la voie à l'emploi, à la formation et aux services susceptibles d'améliorer la situation des populations environnantes.

L'accessibilité financière est un autre élément essentiel. Les coûts initiaux élevés liés à l'infrastructure et à l'exploitation de l'Hyperloop peuvent également se traduire par des tarifs élevés, inaccessibles aux personnes à faibles revenus. Pour atténuer ce problème, des subventions publiques, des modèles de tarification différenciée ou des partenariats gouvernementaux peuvent être mis en place afin de maintenir des systèmes tarifaires accessibles à diverses organisations à but lucratif. Garantir une tarification équitable permet d'éviter les déserts de transport et favorise la mobilité sociale en permettant à des segments plus larges de la population de bénéficier des transports rapides.

L'insertion professionnelle liée à la construction et à l'exploitation de l'Hyperloop permet également de lutter contre les inégalités économiques. Les projets d'infrastructures de grande envergure stimulent régulièrement les économies locales en créant des emplois. Mettre l'accent sur les programmes de développement des compétences qui forment et emploient des personnes issues de communautés sous-représentées ou défavorisées peut contribuer à combler les écarts de revenus. De plus, l'émergence de nouvelles industries et de nouvelles offres autour des réseaux Hyperloop peut stimuler l'entrepreneuriat et la diversification économique dans des secteurs jusqu'alors délaissés.

Cependant, les répercussions économiques de l'Hyperloop pourraient également poser des problèmes. Une connectivité rapide peut augmenter la valeur des biens et le coût de la vie dans les nouveaux quartiers, déplaçant potentiellement les résidents à faibles revenus par gentrification. Pour limiter ces effets indésirables, des plans d'urbanisme et des politiques de logement intégrés doivent être mis en œuvre parallèlement au développement de l'Hyperloop afin de préserver les logements à bas prix et de protéger les communautés vulnérables.

De plus, un accès équitable à Hyperloop doit s'accompagner d'investissements complémentaires dans les infrastructures locales, notamment les transports en commun, les routes et la connectivité numérique. Sans ces investissements, les populations marginalisées, confrontées à des difficultés sur le « dernier kilomètre » de leur trajet ou manquant de ressources pour saisir les nouvelles opportunités, risquent de ne pas bénéficier pleinement des avantages de la connectivité Hyperloop.

Enfin, la coopération internationale et des modèles de gouvernance inclusifs sont essentiels pour garantir que les bénéfices économiques de la technologie Hyperloop ne se concentrent pas uniquement dans les pays ou les entreprises riches. Les normes internationales, le partage des compétences et des pratiques d'investissement équitables peuvent contribuer à démocratiser l'accès à l'innovation Hyperloop, favorisant ainsi un paysage économique mondial plus équilibré.

La lutte contre les inégalités monétaires liées au transport par Hyperloop nécessite une approche multidimensionnelle combinant des plans de développement inclusifs, une tarification plus économique, l'autonomisation des travailleurs et des règles sociales protectrices. En s'attaquant proactivement à ces défis, Hyperloop peut devenir non seulement un symbole de progrès technologique, mais aussi un catalyseur pour une plus grande équité sociale et financière à l'échelle mondiale.

CHAPITRE 6

Hyperloop et autres technologies de transport

6.1. Comparaison avec les trains, les voitures et les avions

L'avènement de la technologie Hyperloop promet de révolutionner les transports en offrant une alternative plus rapide et plus écologique aux transports terrestres et aériens traditionnels. Pour bien saisir l'importance de l'Hyperloop dans le contexte des transports actuels, il est essentiel de le comparer aux modes de transport actuels: train, voiture et avion. Chacune de ces technologies a joué un rôle essentiel dans le développement de la mobilité humaine, mais chacune présente des limites inhérentes que l'Hyperloop vise à surmonter.

Le train est depuis longtemps un élément essentiel du transport terrestre, notamment pour les transports de masse sur de longues distances. Il est reconnu pour sa capacité à transporter efficacement un grand nombre de passagers et pour sa très faible consommation d'énergie. Cependant, les infrastructures ferroviaires conventionnelles sont confrontées à de nombreux défis qui limitent leurs capacités et leur vitesse.

Premièrement, les déplacements en train sont limités par l'infrastructure ferroviaire existante, souvent obsolète ou incompatible avec les technologies à grande vitesse plus récentes. Les trains à grande vitesse, comme le Shinkansen japonais et le TGV français, peuvent atteindre des vitesses supérieures à 300 km/h (186 mph), mais leurs performances restent limitées par le frottement entre les rails et les roues, ainsi que par la nécessité d'arrêts et de ralentissements fréquents pour des raisons de sécurité et d'exploitation. De plus, le développement et l'entretien des réseaux ferroviaires à grande vitesse peuvent s'avérer extrêmement coûteux, notamment dans les zones montagneuses ou les zones urbaines densément peuplées.

En évaluation, la technologie Hyperloop fonctionne dans un tube à vide, réduisant ainsi l'effet de frottement et la résistance de l'air. Cela permet aux nacelles Hyperloop d'atteindre des vitesses bien supérieures à celles des trains traditionnels. Alors que les trains les plus rapides du marché peuvent atteindre environ 300 km/h, Hyperloop peut dépasser les 1 000 km/h (620 mph). Cette augmentation spectaculaire de la vitesse, associée à l'absence d'interaction directe avec l'infrastructure ferroviaire, permet à Hyperloop d'offrir des temps de trajet nettement plus courts, notamment sur les longues distances.

De plus, la dépendance réduite d'Hyperloop aux voies ferrées physiques signifie qu'il peut être déployé plus facilement dans les zones où les réseaux ferroviaires conventionnels seraient coûteux ou logistiquement difficiles à mettre en œuvre, ainsi que dans les endroits éloignés ou les zones à forte densité de population.

La voiture est probablement le moyen de transport le plus utilisé au monde. Elle offre une liberté inouïe, permettant à chacun de voyager à son rythme, de choisir son itinéraire et d'accéder à pratiquement n'importe quel endroit sur terre. Cependant, l'utilisation généralisée de la voiture présente de nombreux inconvénients.

D'une part, les automobiles dépendent fortement des infrastructures routières, souvent déjà surchargées, notamment en zone urbaine. Les embouteillages, les longs trajets et les accidents fréquents sont autant de problèmes courants liés aux déplacements en voiture. De plus, les véhicules contribuent significativement à la pollution environnementale, notamment en termes d'émissions de carbone, et sont un facteur majeur du changement climatique.

Du point de vue de la sécurité, les voitures représentent un risque pour la sécurité routière, les blessures et les erreurs humaines, susceptibles d'entraîner des accidents ou des décès. Même si les progrès des technologies de sécurité automobile et le développement des voitures autonomes améliorent la situation, les déplacements routiers restent l'un des modes de transport les plus risqués.

L'Hyperloop, en revanche, promet une alternative bien plus sûre et efficace. Le système à tube à vide élimine les facteurs extérieurs tels que la météo, l'état de la route et les accidents, réduisant ainsi considérablement les risques de retards ou d'accidents. De plus, comme les modules sont guidés le long d'un trajet prédéfini dans un environnement contrôlé, les risques d'erreurs humaines sont minimisés. Les dispositifs de sécurité de l'Hyperloop, notamment les structures automatisées et les redondances, en font une option potentiellement bien plus sûre que la conduite automobile sur la voie publique.

De plus, Hyperloop pourrait contribuer à réduire le recours aux véhicules motorisés dans les zones urbaines, offrant ainsi un mode de déplacement plus rapide et plus pratique. Cela devrait réduire les embouteillages, la pollution atmosphérique et favoriser une mobilité urbaine plus durable. En intégrant Hyperloop aux réseaux de transport actuels, les usagers pourront passer en douceur des déplacements en véhicule à des infrastructures Hyperloop rapides et performantes, améliorant ainsi la performance globale de la mobilité mondiale.

L'avion est depuis longtemps la référence pour les voyages longue distance, offrant des vitesses inégalées par rapport aux moyens de transport terrestres. Les avions de ligne peuvent voler à plus de 900 km/h (560 mph), parcourant des distances considérables en une fraction du temps qu'il faudrait à un train ou à une voiture. Cependant, les avantages du transport aérien s'accompagnent de nombreux défis de taille.

L'un des principaux inconvénients du transport aérien est sa dépendance aux aéroports, généralement situés en dehors des centres urbains et nécessitant un temps d'arrivée considérable. Les aéroports sont également réputés pour leurs longs temps d'attente, leurs contrôles de sécurité, leurs retards et la gestion des bagages. Ces défis logistiques peuvent rendre les voyages aériens chronophages, notamment en raison des temps d'arrivée et de départ, des contrôles de sécurité et de l'attente des vols.

De plus, si le transport aérien est rapide, il n'est pas toujours le plus efficace, surtout en termes d'impact environnemental. Les avions contribuent largement aux émissions de carbone, et l'industrie aéronautique est confrontée à une pression croissante pour réduire son empreinte environnementale. Si certaines avancées technologiques, notamment les avions électriques et les biocarburants, sont prometteuses, ces solutions n'en sont encore qu'à leurs débuts.

L'Hyperloop offre de nombreux avantages par rapport à l'avion, notamment pour les courtes et moyennes distances. Si l'avion est plus adapté aux voyages long-courriers, l'Hyperloop est plus adapté aux trajets de moins de 1 000 km, où la rapidité et la commodité du transport aérien sont moins importantes. L'Hyperloop élimine le besoin d'infrastructures aéroportuaires, offrant une liaison directe et continue entre les villes ou les pôles urbains, sans les retards ni les tracas des transports aéroportuaires.

De plus, Hyperloop garantit un impact environnemental bien inférieur à celui des avions. Entièrement électrique, il peut être alimenté par des énergies renouvelables, réduisant ainsi considérablement son empreinte carbone par rapport à l'industrie aéronautique. Hyperloop minimise également sa consommation d'énergie grâce à ses tubes à vide et à ses systèmes de propulsion magnétique, ce qui en fait un mode de transport plus écologique que l'avion.

Si les trains, les moteurs et les avions ont tous joué un rôle essentiel dans le façonnement des réseaux de transport modernes, Hyperloop offre une alternative convaincante qui répond à de nombreuses inefficacités, préoccupations en matière de sécurité et défis environnementaux liés aux structures conventionnelles. En alliant la vitesse du transport aérien aux performances des trains et à la sécurité des voitures, Hyperloop représente un changement de paradigme dans notre façon d'envisager le transport des personnes et des marchandises sur de longues distances.

Bien que l'adoption massive de l'Hyperloop n'en soit qu'à ses débuts, son potentiel de révolution des transports est immense. À mesure que la technologie évolue et que la faisabilité de l'Hyperloop devient de plus en plus évidente, il est probable qu'il joue un rôle crucial dans l'avenir de la mobilité, offrant une alternative plus rapide, plus sûre et plus durable aux modes de transport actuels.

6.2. Avantages de l'Hyperloop en termes de vitesse et de sécurité

La technologie Hyperloop se distingue non seulement par sa capacité à redéfinir l'avenir des transports, mais aussi par les avantages considérables qu'elle offre en termes de vitesse et de sécurité. Ces facteurs sont essentiels au développement et à l'adoption de tout nouveau mode de transport, et Hyperloop répond aux limites inhérentes aux systèmes de transport traditionnels grâce à des solutions innovantes.

L'un des atouts les plus convaincants de l'Hyperloop réside dans sa vitesse exceptionnelle. Sa conception lui permet de dépasser potentiellement les vitesses des modes de transport actuels, ce qui en fait une solution révolutionnaire pour les déplacements interurbains, voire régionaux.

Les nacelles Hyperloop, conçues pour voyager dans un environnement quasi-vide, subissent une résistance à l'air nettement inférieure à celle des trains ou des automobiles classiques. Les systèmes de transport traditionnels sont freinés par la friction entre les roues et les rails, ou entre les pneus et le revêtement de la route, ce qui limite leur vitesse maximale. En réduisant la résistance à l'air au minimum et en supprimant les frottements physiques, les nacelles Hyperloop peuvent théoriquement atteindre des vitesses supérieures à 1 000 km/h (620 mph), soit près de trois fois plus vite que les trains à grande vitesse et bien plus vite que la plupart des avions d'affaires sur de courtes distances.

Le tube à vide dans lequel se déplacent les nacelles crée un environnement sans frottement, leur permettant de se déplacer à grande vitesse avec un apport d'énergie minimal. Avec une consommation d'énergie bien moindre pour vaincre la résistance, l'Hyperloop est non seulement plus rapide, mais aussi potentiellement plus économe en énergie que les moyens de transport conventionnels.

Cet avantage de vitesse a des implications en termes de distance parcourue. L'Hyperloop pourrait révolutionner le transport interurbain, réduisant considérablement le temps de trajet. Par exemple, un trajet qui prend actuellement plusieurs heures en voiture, en train ou en avion pourrait être réduit à quelques minutes. Pour les distances inférieures à 1 000 km, l'Hyperloop pourrait devenir le moyen de transport le plus efficace, surpassant les modes de transport conventionnels.

De plus, la vitesse de l'Hyperloop ne se fait plus au détriment du confort. L'ensemble de la machine est conçu pour un voyage facile et sans interruption. Contrairement aux avions, qui nécessitent un enregistrement, des contrôles de sécurité et de longs embarquements, les passagers de l'Hyperloop peuvent s'attendre à un voyage rapide et efficace, avec un temps d'attente minimal en station.

La sécurité est un problème important pour tout appareil de transport, et tandis que les modes de transport conventionnels constitués de véhicules, de trains et d'avions disposent de protocoles de sécurité bien établis, Hyperloop promet d'établir une toute nouvelle référence en matière de sécurité dans les voyages.

Hyperloop fonctionne dans un tube à vide contrôlé qui élimine la plupart des risques de sécurité associés aux transports traditionnels. Dans les systèmes conventionnels, les véhicules sont soumis à des facteurs externes tels que les conditions météorologiques, l'état des routes et la circulation, autant de facteurs susceptibles de provoquer des accidents. Hyperloop, en revanche, est insensible aux intempéries, car le tube fermé protège les nacelles des facteurs environnementaux externes. Ainsi, les passagers peuvent voyager sous tous les climats – pluie, neige ou chaleur extrême – sans risque de retard ou de blessure dû à des aléas.

Les dispositifs de sécurité d'Hyperloop sont également renforcés par l'utilisation de structures de manipulation automatisées. Ces structures sont conçues pour surveiller les nacelles et l'infrastructure en temps réel, garantissant ainsi le bon fonctionnement de l'appareil. En cas de problème ou de dysfonctionnement, des sauvegardes automatisées sont mises en place pour prévenir les blessures, à l'instar des mécanismes de sécurité intégrés dans l'aviation moderne.

L'utilisation de capteurs et de systèmes d'IA pour détecter les problèmes de capacité, les dysfonctionnements ou les urgences du système permet au système de réagir instantanément. De plus, les modules Hyperloop sont conçus pour être modulaires: en cas de dysfonctionnement, le dispositif peut isoler et maîtriser le problème, garantissant ainsi que les autres modules du réseau ne soient pas affectés. Cette méthode décentralisée minimise le risque de perturbations majeures et renforce la sécurité globale de l'appareil.

L'une des exigences les plus importantes en matière de sécurité dans les transports est de garantir la mise en place de protocoles d'urgence adéquats. Si les avions, les trains et les véhicules disposent tous de mesures de sécurité rigoureuses, l'environnement clos de l'Hyperloop présente de nouvelles exigences. Cependant, les concepteurs du système Hyperloop ont développé des protocoles d'urgence complets pour y faire face. Les stations Hyperloop pourraient être équipées de méthodes d'évacuation d'urgence avancées, permettant aux passagers de quitter le système correctement en cas d'urgence.

Les nacelles sont également conçues pour assurer la protection des passagers en cas de situation critique. En cas de panne mécanique ou de rupture du tube, des structures de surpression d'air de secours peuvent intervenir pour protéger les passagers des dommages électriques. Les nacelles seront également équipées de structures de soutien à bord, garantissant ainsi la sécurité et le confort des passagers, même en cas de perturbations imprévues.

Les erreurs humaines sont un facteur majeur des accidents de transport, notamment dans l'aviation et les transports routiers. Les systèmes automatisés d'Hyperloop réduisent le besoin d'intervention humaine, minimisant ainsi les risques liés aux erreurs des opérateurs. Si les erreurs humaines jouent toujours un rôle dans la conception et la maintenance des infrastructures, les structures d'Hyperloop sont conçues pour s'auto-ajuster et s'adapter en temps réel aux changements ou aux dysfonctionnements.

De plus, la communauté Hyperloop fonctionne selon des protocoles stricts, ce qui signifie que des employés particulièrement qualifiés peuvent être impliqués dans l'exploitation et la maintenance de l'appareil. Ces règles sont similaires à celles du secteur aéronautique, où les pilotes et l'équipage suivent une formation et une certification approfondies.

Si les avantages théoriques de l'Hyperloop en termes de vitesse et de sécurité sont spectaculaires, sa mise en œuvre concrète est encore en cours. Des prototypes et des pistes d'essai sont en cours de développement dans le secteur, menés par des groupes comme Virgin Hyperloop et The Boring Company d'Elon Musk. Dans les années à venir, des améliorations, des tests et des perfectionnements supplémentaires seront nécessaires pour garantir que l'Hyperloop puisse fonctionner à son plein potentiel.

Malgré ces défis, l'avenir de l'Hyperloop en tant que mode de transport rapide, sûr et écologique semble prometteur. Grâce aux progrès technologiques et aux tests internationaux, l'Hyperloop pourrait révolutionner le tourisme, offrant un niveau de vitesse et de sécurité supérieur à celui de tout autre moyen de transport actuellement en service.

L'Hyperloop ouvre une nouvelle voie prometteuse dans le domaine des transports, grâce à ses avantages en termes de vitesse et de sécurité qui le positionnent comme un véritable moteur de changement. Sa capacité à atteindre des vitesses bien supérieures aux transports terrestres et aériens actuels, associée à ses mécanismes de sécurité avancés, en fait une alternative particulièrement attrayante pour l'avenir de la mobilité. Bien qu'il reste des obstacles à surmonter en termes de production, d'infrastructure et de mise en œuvre, les avantages de l'Hyperloop en termes de vitesse et de sécurité sont évidents, et il est fort probable qu'il joue un rôle majeur dans l'avenir du transport.

6.3. L'avenir des systèmes de transport traditionnels

À mesure que les technologies de pointe, dont Hyperloop, continuent de progresser, soulèvent des questions cruciales quant à l'avenir des transports traditionnels. Si Hyperloop promet une révolution dans le transport à grande vitesse, il ne signifie pas pour autant l'obsolescence immédiate des trains, des voitures ou des avions. L'avenir des systèmes de transport traditionnels réside plutôt dans leur capacité à s'adapter à l'évolution du paysage de la mobilité, à intégrer les nouvelles technologies et à répondre aux besoins diversifiés des déplacements internationaux.

Le train est depuis longtemps un élément essentiel du transport mondial, offrant un moyen de transport terrestre fiable, écologique et respectueux de l'environnement. L'avenir du transport ferroviaire repose sur le développement continu des trains à grande vitesse et leur intégration à des infrastructures futuristes comme l'Hyperloop.

La mise en place de lignes ferroviaires à grande vitesse dans des pays comme le Japon, la France et la Chine a démontré que le train pouvait constituer une excellente alternative au transport aérien pour les courtes et moyennes distances. Ces trains, atteignant des vitesses allant jusqu'à 300 km/h (186 mph), ont démontré leur capacité à réduire considérablement les temps de trajet entre les grandes villes, offrant ainsi une alternative extrêmement compétitive au transport aérien traditionnel.

Cependant, le train à grande vitesse rencontre des limites, notamment en termes de coûts d'infrastructure et de temps nécessaire à la construction de nouvelles structures. À mesure que l'Hyperloop gagne en viabilité, on pourrait assister à une évolution vers l'intégration des infrastructures ferroviaires et

Hyperloop pour créer des réseaux de transport hybrides. Par exemple, l'Hyperloop devrait servir de principal axe de transport à grande vitesse entre les grandes villes, tandis que les trains à grande vitesse continuent d'offrir des liaisons et des services de proximité efficaces vers des zones inaccessibles par l'Hyperloop.

À l'avenir, le secteur ferroviaire pourrait également évoluer vers des trains autonomes, ce qui améliorerait la sécurité et les performances opérationnelles. Les systèmes automatisés pourraient contribuer à réduire les erreurs humaines, à optimiser la planification et à offrir aux passagers une expérience plus fluide et confortable. L'association de trains à grande vitesse et d'Hyperloop pourrait donner naissance à un système de transport avancé et interconnecté exploitant au mieux les atouts de chaque technologie.

Les voitures ont révolutionné la mobilité individuelle et pourraient bien continuer à jouer un rôle majeur dans le paysage des transports à court terme. Cependant, l'avenir des déplacements routiers va probablement connaître une profonde transformation grâce aux progrès de la technologie des véhicules autonomes (VA), à l'électrification et à l'intégration aux infrastructures intelligentes.

Les voitures autonomes, déjà testées par des entreprises comme Tesla, Waymo et d'autres, représentent une révolution fondamentale dans la façon dont les humains se déplaceront en voiture. Ces véhicules autonomes sont capables de réduire considérablement les accidents de la circulation, d'améliorer la consommation de carburant et de simplifier les déplacements en supprimant le recours à la conduite humaine. Les véhicules autonomes pourraient communiquer entre eux et avec des infrastructures intelligentes afin d'optimiser la circulation, de réduire les embouteillages et de limiter l'impact environnemental.

Outre la conduite autonome, la transition vers les voitures électriques (VE) est déjà en cours. Grâce aux progrès de la production de batteries, les VE sont devenus plus économiques, plus écologiques et capables de parcourir de longues distances. Cette transition vers les véhicules électriques s'inscrit dans les efforts mondiaux visant à réduire les émissions de carbone et à lutter contre les changements climatiques. À mesure que les VE s'imposeront comme la norme, les voitures à essence conventionnelles disparaîtront progressivement, ouvrant la voie à une nouvelle technologie de transport plus propre, plus silencieuse et plus efficace.

La création d'Hyperloop ne signifie pas l'abandon de la voiture, mais plutôt une évolution des types de véhicules de transport les plus adaptés. Hyperloop révolutionnera les déplacements longue distance, mais pour les trajets courts et les déplacements locaux, les véhicules électriques autonomes joueront un rôle clé. Ces véhicules pourront s'intégrer parfaitement aux infrastructures Hyperloop, permettant aux passagers de se déplacer rapidement de leur domicile aux stations Hyperloop et inversement.

L'aviation a longtemps été le mode de transport dominant pour les voyages longue distance. Malgré les progrès de l'Hyperloop, l'avion conservera un rôle essentiel dans le transport international, notamment pour les voyages internationaux et les destinations hors de portée des systèmes de transport terrestre.

Cependant, l'avenir de l'aviation s'annonce prometteur avec le développement de nouvelles technologies, notamment des avions électriques et hybrides. Des entreprises comme Boeing et Airbus investissent déjà dans les technologies aéronautiques durables, qui visent à réduire l'impact environnemental du transport aérien. Les avions électriques, capables de parcourir de courtes et moyennes distances sans aucune émission, devraient faire leur entrée sur le marché industriel au cours des prochaines décennies.

Si l'Hyperloop peut offrir un gain considérable pour les déplacements à domicile et à proximité, l'avion restera essentiel pour les vols internationaux et les voyages vers les régions reculées. L'avenir de l'aviation impliquera de combiner des pratiques durables avec la rapidité et l'efficacité du transport aérien contemporain. Les avions continueront probablement à évoluer, avec une attention croissante portée à la réduction de leur empreinte carbone et à l'amélioration de leur efficacité énergétique.

L'Hyperloop et les infrastructures aéronautiques pourraient se compléter mutuellement grâce à des solutions « ultimate mile ». Hyperloop pourrait transporter des passagers entre les principaux centres urbains, et de là, l'avion pourrait prendre le relais pour les voyages internationaux, créant ainsi une communauté fluide pour les voyageurs.

L'avenir des transports publics traditionnels dépendra également des progrès réalisés dans la génération Hyperloop. Dans la plupart des centres-villes importants, le rôle des bus, des métros et des tramways évoluera à mesure que ces systèmes s'intégreront davantage aux réseaux Hyperloop.

Dans les années à venir, de nombreuses villes adopteront l'ère de la « ville intelligente », qui exploite l'information, l'automatisation et une connectivité avancée pour optimiser les déplacements des personnes et des biens. Les transports publics s'appuieront de plus en plus sur des infrastructures informatisées et des itinéraires dynamiques pour répondre aux besoins changeants de la population. Les stations Hyperloop devront servir de plateformes clés en main, connectées aux réseaux de transports publics locaux, permettant aux passagers de passer facilement d'un mode de déplacement à l'autre.

À l'avenir, les villes pourraient également adopter des structures de transport qui combinent plusieurs modes de déplacement en une seule expérience unifiée. Par exemple, un voyageur pourrait monter à bord d'une capsule Hyperloop, voyager entre les villes à des vitesses ultra-élevées, puis prendre une voiture sans conducteur ou un bus de transport en commun local pour atteindre sa destination finale.

Si Hyperloop promet de révolutionner les déplacements à grande vitesse, les systèmes de transport conventionnels continueront de s'adapter. Trains, voitures et avions sont loin d'être obsolètes; au contraire, ils cohabiteront avec Hyperloop au sein d'un réseau de transport complet.

L'avenir des transports conventionnels repose sur l'intégration et l'innovation. Les avancées en matière de conduite autonome, de véhicules électriques et d'aviation durable viendront compléter le transport à grande vitesse et à faible résistance proposé par Hyperloop. Plutôt que de remplacer les infrastructures existantes, Hyperloop travaillera en synergie avec elles pour créer un réseau de transport international fluide et efficace.

En fin de compte, le destin des transports ne sera pas défini par une seule époque, mais par la synergie entre le vintage et le nouveau, chaque appareil jouant un rôle unique dans la satisfaction des nombreux besoins des voyageurs actuels.

6.4. Intégration aux réseaux de transport existants

La réussite de la mise en œuvre de la technologie Hyperloop repose en grande partie sur son intégration harmonieuse aux réseaux de transport existants. Mode de transport moderne conçu pour des vitesses sans précédent, Hyperloop ne peut fonctionner isolément s'il ambitionne de proposer une solution de mobilité réaliste et accessible. Il doit plutôt être judicieusement intégré aux infrastructures traditionnelles telles que les transports en commun, les voies ferrées, les réseaux routiers et les aéroports de proximité, afin de créer un environnement de transport complet et multimodal optimisant le confort et l'efficacité pour les usagers.

L'une des principales exigences de l'intégration d'Hyperloop aux réseaux actuels est d'assurer des transitions fluides entre les différents modes de transport. Les passagers utilisent généralement divers moyens de transport pour effectuer leurs trajets, des bus et métros locaux aux trains régionaux et taxis. Les stations Hyperloop doivent donc être stratégiquement situées et conçues pour faciliter les transferts, en minimisant les distances à pied, les temps d'attente et les complexités logistiques. Des systèmes de billetterie intégrés et une coordination des horaires en temps réel entre les différents modes de transport renforcent cette connectivité, permettant aux voyageurs de planifier leurs déplacements en toute simplicité et de profiter d'une expérience de voyage cohérente.

De plus, l'infrastructure d'Hyperloop, fréquemment améliorée ou creusée dans des tunnels pour préserver son environnement vide, offre des opportunités et des contraintes précises en matière d'intégration. Les lignes Hyperloop surélevées peuvent être construites au-dessus des autoroutes ou des corridors ferroviaires existants, réduisant ainsi les difficultés d'acquisition de terrains et les nuisances environnementales. À l'inverse, les hubs Hyperloop doivent s'intégrer efficacement aux transports en commun de plain-pied, ce qui nécessite des correspondances, des parkings et des accès piétons bien conçus. Urbanistes et ingénieurs doivent collaborer étroitement pour harmoniser ces interfaces physiques, en conciliant contraintes spatiales et besoins des usagers.

D'un point de vue opérationnel, le partage d'informations et la communication entre les systèmes de contrôle Hyperloop et les installations de contrôle des transports traditionnelles sont essentiels. La synchronisation des horaires et la gestion des flux de passagers permettent d'éviter les goulots d'étranglement et d'optimiser l'efficacité du réseau. De plus, l'intégration de la technologie de gestion automatisée d'Hyperloop aux protocoles de sécurité et d'urgence existants garantit aux réseaux multimodaux une réponse rapide et cohérente aux incidents, tout en maintenant des normes élevées de sécurité et de fiabilité.

Sur le plan financier, l'intégration ouvre la voie à des modèles d'investissement collaboratifs impliquant les organismes publics, les entreprises privées et les acteurs internationaux. Le financement d'améliorations coordonnées des infrastructures et de structures opérationnelles partagées réduit la duplication des ressources et exploite les atouts de divers partenaires. Il favorise également l'innovation grâce au partage de technologies et de pratiques performantes, accélérant ainsi le développement d'une mobilité interconnectée.

Enfin, l'intégration d'Hyperloop aux réseaux de transport existants a des implications sociales et environnementales plus larges. En reliant les déplacements rapides et longue distance aux transports en commun accessibles à proximité, elle encourage l'utilisation des transports en commun plutôt que des véhicules privés, réduisant ainsi les embouteillages, la pollution et l'étalement urbain. Cette synergie favorise un développement urbain durable et améliore la qualité de vie des populations.

L'intégration de l'ère Hyperloop aux systèmes de transport actuels est essentielle pour en exploiter pleinement le potentiel. Une planification réfléchie, une conception des infrastructures, une coordination technologique et des investissements collaboratifs sont nécessaires pour créer une communauté de mobilité unifiée, verte et conviviale. Grâce à ces efforts, Hyperloop peut devenir non seulement un symbole de voyage futuriste, mais aussi un pilier d' un transport global et durable à l'échelle mondiale.

CHAPITRE 7

Les défis technologiques de l'Hyperloop

7.1. Développement des technologies et des infrastructures

Le développement de la technologie Hyperloop offre un ensemble unique de défis, non seulement en matière d'ingénierie de pointe, mais aussi pour la création des infrastructures nécessaires à son concept de transport moderne. Hyperloop vise à offrir des déplacements plus rapides, plus écologiques et durables grâce à l'utilisation de tubes à vide et de la propulsion électromagnétique. Cependant, pour concrétiser cette vision, des avancées significatives doivent être réalisées à chaque étape de la technologie et des infrastructures.

L'un des points clés de la réussite d'Hyperloop réside dans son système de propulsion. Le concept repose sur un nouveau mode de transport où les capsules se déplacent dans des tubes quasi vides à des vitesses pouvant atteindre 1220 km/h. Ce système nécessite un système de propulsion électromagnétique, qui utilise des champs magnétiques pour propulser les capsules sans contact physique. L'enjeu est de développer des technologies de propulsion électromagnétique écologiques, économiques et évolutives. Le principal système étudié est le moteur linéaire synchrone (LSM), actuellement en phase de test et de développement pour le projet Hyperloop. L'objectif est d'améliorer son efficacité, de réduire sa consommation d'énergie et de permettre une utilisation à grande échelle.

Outre le système de propulsion, l'énergie nécessaire à la propulsion de l'Hyperloop devra provenir de sources renouvelables afin de préserver son engagement en matière de durabilité. Des panneaux solaires, placés à l'extérieur des tubes à vide ou intégrés à l'infrastructure, devraient permettre de compenser la consommation d'énergie, garantissant ainsi un fonctionnement plus écologique du système. L'un des principaux objectifs est de développer des solutions de stockage d'énergie légères et de grande capacité, capables de fournir l'énergie nécessaire tout au long du trajet.

Un autre élément clé de la technologie Hyperloop est le tube à vide. L'idée derrière Hyperloop est de créer un environnement proche du vide dans les tubes afin de réduire la résistance de l'air, permettant ainsi aux nacelles de voyager à des vitesses nettement supérieures. Il s'agit d'une rupture radicale avec les méthodes de transport traditionnelles, qui reposent sur des environnements extérieurs. La construction et l'entretien d'une machine à tube à vide constituent une tâche d'ingénierie, car il est nécessaire d'assurer des joints d'étanchéité parfaits pour empêcher toute fuite d'air dans le tube.

Les tubes à vide doivent également être suffisamment robustes pour résister aux pressions externes, telles que les tremblements de terre ou les conditions climatiques extrêmes, tout en préservant leur intégrité structurelle. Cela nécessite le développement de matériaux et de techniques de fabrication innovants. L'acier et les composites renforcés en fibre de carbone sont souvent envisagés pour les tubes, mais de nouveaux matériaux, plus légers et plus durables, pourraient également émerger avec l'évolution de la technologie. De plus, les tubes doivent être équipés de systèmes énergétiques capables de maintenir le vide et de maintenir les niveaux de pression en permanence.

La sécurité est un enjeu majeur pour tout dispositif de transport, et Hyperloop ne fait pas exception. La conception et la fabrication de l'infrastructure doivent garantir la résilience du dispositif face aux catastrophes naturelles, aux accidents et autres événements inattendus. L'un des principaux projets consiste à garantir que les tubes soient à la fois extrêmement durables et capables de supporter des conditions extrêmes, telles que les tremblements de terre, les températures extrêmes et les impacts de capacité dus aux débris ou aux accidents.

De plus, les fonctions de protection doivent inclure l'amélioration des protocoles d'urgence et des systèmes d'évacuation en cas de panne du système ou d'autres problèmes imprévus. Le système Hyperloop doit pouvoir continuer à fonctionner en cas de catastrophe et doit être équipé de systèmes de secours pour l'alimentation électrique, l'alimentation en air et le contrôle des modules. Concevoir un mécanisme de sécurité intégré garantissant la protection des passagers sans compromettre la vitesse et les performances du système de transport constitue un défi majeur pour les ingénieurs et les concepteurs.

Une autre tâche essentielle est l'achat de terrains pour la construction de l'Hyperloop. Pour que le dispositif soit opérationnel, de vastes étendues de terrain doivent être défrichées et délimitées pour le développement des tubes à vide et des stations. Dans les zones densément peuplées, cela pourrait représenter une mission de grande envergure en raison des infrastructures actuelles et de la volonté de minimiser les perturbations pour les riverains.

Les méthodes d'acquisition foncière impliquent souvent des obstacles juridiques et réglementaires complexes, notamment lorsque l'infrastructure traverse plusieurs juridictions ou touche à des zones protégées. De plus, la construction des gares, terminaux et points d'échange nécessaires exige une planification minutieuse pour s'intégrer aux zones urbaines et aux réseaux de transport existants, tout en garantissant que l'Hyperloop puisse relier les villes de manière fluide.

Lors du développement de l'infrastructure Hyperloop, il convient également de prendre en compte l'impact environnemental des projets de production à grande échelle. Si Hyperloop offre des avantages environnementaux potentiels grâce à la réduction des émissions et au recours aux énergies renouvelables, la construction de l'infrastructure essentielle peut néanmoins contribuer à des perturbations écologiques.

Une planification rigoureuse doit être mise en œuvre afin de minimiser l'impact sur la nature, les écosystèmes locaux et les paysages naturels.

De plus, les substances utilisées dans la production doivent être durables et respectueuses de l'environnement. À mesure que l'infrastructure Hyperloop se développe, les ingénieurs doivent rechercher des solutions permettant de réduire les déchets et de garantir que l'empreinte carbone du système de construction reste aussi faible que possible.

Enfin, le développement de la génération et des infrastructures essentielles à l'Hyperloop nécessite un financement conséquent et une collaboration entre les secteurs privé et non privé. De nombreux projets d'une telle envergure et d'une telle ambition se heurtent à des défis financiers, notamment en termes de financement initial nécessaire à la construction des infrastructures, au développement des technologies et à la recherche comportementale. Le secteur privé est souvent le moteur de l'innovation technologique, mais le secteur public doit jouer un rôle en fournissant des financements, un soutien réglementaire et des incitations au développement des infrastructures.

De plus, la collaboration entre les entreprises gouvernementales, les gouvernements voisins et les organismes internationaux pourrait être essentielle au déploiement mondial d'Hyperloop. Des projets d'infrastructure de cette envergure nécessitent une coopération transfrontalière et le respect des normes internationales, notamment en matière de protection, de réglementation environnementale et d'interopérabilité des transports.

Le développement de l'ère et des infrastructures Hyperloop est un projet aux multiples facettes, impliquant des avancées majeures en matière de propulsion, de création et de sécurité. Pour relever ce défi ambitieux, relever ces défis technologiques exigeants nécessitera la collaboration de professionnels de plusieurs disciplines, des investissements importants, ainsi que la mise à l'essai et le perfectionnement de nouvelles techniques d'infrastructure de transport. La mise en œuvre réussie de l'Hyperloop pourrait non seulement révolutionner les voyages, mais aussi ouvrir la voie aux systèmes de transport internationaux, offrant des solutions plus rapides, plus durables et plus efficaces pour les générations futures.

7.2. Défis d'ingénierie et de conception

Le développement de l'Hyperloop en tant que système de transport à grande vitesse exige de surmonter une multitude de défis complexes en matière d'ingénierie et de conception. De l'avènement des tubes à vide au développement du système de propulsion par capsule, chaque aspect de l'Hyperloop doit être méticuleusement conçu pour garantir sécurité, performance et évolutivité. Ces défis ne sont pas seulement techniques, mais impliquent également de concilier coûts, durabilité et contraintes réglementaires, tout en préservant la vision initiale d'un réseau de transport plus rapide, plus propre et plus écologique.

Au cœur de la conception de l'Hyperloop se trouve la capsule, qui doit pouvoir atteindre des vitesses avoisinant les 1220 km/h. La conception de ces capsules est cruciale: elles doivent être à la fois légères et particulièrement durables, capables de résister aux forces liées aux déplacements à grande vitesse tout en préservant leur intégrité structurelle. Elles doivent également être optimisées aérodynamiquement pour limiter la traînée dans l'environnement basse pression du tube à vide.

Les matériaux utilisés pour la création des nacelles requièrent une attention particulière pour relever les défis d'ingénierie. Les matériaux traditionnels, comme l'acier, peuvent être trop lourds, tandis que les composites légers peuvent ne pas offrir l'énergie nécessaire. Pour remédier à ce problème, les concepteurs expérimentent plusieurs matériaux avancés, notamment les composites en fibre de carbone et le graphène, qui offrent stabilité énergétique, légèreté et robustesse. La nacelle doit également être dotée d'un dispositif efficace de régulation thermique, car les mouvements rapides génèrent des frottements importants, même sous vide. Des innovations en matière de technologies de refroidissement passif et actif sont à l'étude pour préserver la sécurité opérationnelle.

Le tube à vide, élément essentiel du dispositif Hyperloop, doit être conçu pour créer un environnement proche du vide permettant aux capsules de se déplacer à grande vitesse. Maintenir un tel environnement nécessite des solutions d'ingénierie hautement spécialisées pour empêcher les fuites d'air dans le tube. Ce défi implique de développer des matériaux suffisamment robustes pour supporter la pression extérieure tout en assurant une étanchéité parfaite. Les tubes à vide doivent également être conçus pour résister aux conditions environnementales telles que les tremblements de terre, les températures extrêmes et les contraintes météorologiques.

De plus, les tubes doivent être surélevés ou installés de manière à garantir leur stabilité et leur stabilité sur de longues distances. L'élévation peut se faire au moyen de pylônes ou de tunnels, chacun présentant ses propres défis de conception. La forme doit permettre une déformation minimale sur de longues distances, en tenant compte des variations de capacité du sol ou des effets des variations de température susceptibles de provoquer une dilatation ou une contraction du matériau. Des solutions innovantes, comme l'utilisation de matériaux flexibles et autocorrecteurs, sont envisagées pour résoudre ce problème.

L'un des défis techniques les plus importants de la génération Hyperloop est le développement d'un système de propulsion fiable et écologique. Ce système repose sur une propulsion électromagnétique, notamment un moteur linéaire synchrone (LSM), pour propulser les nacelles à travers le tube à vide. Ce système utilise des champs magnétiques pour propulser les nacelles, évitant ainsi le recours à des moteurs à contact mécanique conventionnels ou à gaz, susceptibles de générer des frottements et de réduire considérablement les performances.

La conception du dispositif LSM doit trouver un équilibre délicat entre puissance et performances. Il doit être suffisamment performant pour propulser rapidement les nacelles à des vitesses élevées, tout en étant suffisamment économe en énergie pour réduire la consommation d'énergie et maintenir une allure constante sur de longues distances. Outre le système de propulsion, Hyperloop doit également gérer la difficulté du freinage. Le système de décélération doit être aussi efficace et sûr que le système de propulsion, capable de ralentir rapidement les nacelles sans exercer de pression excessive sur les passagers ni sur la nacelle elle-même.

Compte tenu des vitesses et des besoins énergétiques importants requis pour le fonctionnement d'Hyperloop, la conception d'un système énergétique écologique et durable est une mission essentielle. Les besoins énergétiques de la machine sont considérables, et son alimentation par des méthodes traditionnelles pourrait annuler certains des avantages environnementaux promis par Hyperloop. Pour y remédier, les concepteurs étudient la possibilité d'utiliser des sources d'énergie renouvelables, telles que l'énergie solaire, l'énergie éolienne ou même l'énergie marémotrice, pour produire l'électricité souhaitée.

L'un des aspects les plus difficiles de cette exigence de puissance est de garantir que la machine puisse économiser suffisamment d'énergie pour fonctionner efficacement et de manière fiable. Des technologies de stockage d'énergie, comprenant des batteries et des volants d'inertie de pointe, sont à l'étude pour stocker l'électricité produite à partir de sources renouvelables et la fournir à l'appareil à la demande. Le dispositif de stockage doit être léger, écologique et capable de fournir une énergie continue tout au long de l'expérience.

La conception des fonctions de protection de l'Hyperloop présente de nombreuses exigences. Le déplacement à grande vitesse dans un environnement sous vide exige que l'appareil soit résilient face à diverses situations d'urgence, notamment les pannes électriques, les dysfonctionnements des machines et les pannes naturelles. Les nacelles doivent être conçues pour protéger les passagers en cas de panne, qu'il s'agisse d'intégrer des systèmes de freinage d'urgence ou de concevoir des nacelles capables de résister à un choc ou à une décélération rapide.

De plus, les ingénieurs devraient concevoir un dispositif d'évacuation d'urgence en cas de perturbation majeure. Ce dispositif pourrait inclure des structures permettant de dépressuriser rapidement les tubes à vide, d'assurer une sortie sécurisée aux passagers et de permettre aux secours d'accéder rapidement et efficacement au système. Si l'objectif général est de rendre l'Hyperloop aussi sûr que possible, la nature moderne du système impose des conditions d'attente et d'atténuation précises pour chaque situation potentielle.

L'infrastructure nécessaire à l'Hyperloop s'étend sur des milliers de kilomètres, ce qui nécessite une attention particulière à l'aménagement du territoire et à l'intégration aux infrastructures existantes. Les tubes, qu'ils soient longs ou souterrains, doivent être positionnés dans des endroits qui minimisent les perturbations du milieu environnant, comme les zones urbaines densément peuplées et les espaces verts protégés. Un élément essentiel de la conception des infrastructures est la capacité d'intégrer les stations et les terminaux Hyperloop aux villes et aux infrastructures de transport existantes. Les stations doivent être stratégiquement positionnées pour permettre un accès facile aux passagers, tout en garantissant l'expansion du réseau et son interconnexion avec d'autres modes de transport.

De plus, la construction de cette infrastructure vitale nécessite une planification rigoureuse concernant l'acquisition de terrains, les contrôles d'impact environnemental et les questions de criminalité. L'infrastructure d'Hyperloop devra évoluer dans un environnement réglementaire complexe, et les projets de construction à grande échelle nécessiteront la coordination de multiples entités gouvernementales et privées.

Enfin, l'un des défis techniques les plus importants réside dans la scalabilité et la viabilité financière de l'ère Hyperloop. Développer et tester des prototypes est un processus coûteux, et la mise à l'échelle de la technologie pour une adoption massive nécessite un financement important en infrastructures, ainsi que des études et un développement continus. Les ingénieurs Hyperloop doivent concevoir des systèmes pouvant être produits et déployés à un coût raisonnable, tout en veillant à ce que la qualité et les performances globales de l'appareil ne soient pas compromises.

À plus long terme, les ingénieurs doivent concevoir la génération Hyperloop en gardant à l'esprit l'évolutivité. Le dispositif doit être adaptable à divers environnements géographiques, des villes aux zones rurales reculées, et suffisamment évolutif pour répondre à la demande croissante de transport sans solliciter les capacités ni l'infrastructure du système.

Les défis d'ingénierie et d'aménagement de l'Hyperloop sont vastes et multidimensionnels, nécessitant des améliorations dans les domaines de la science des substances, de la technologie de propulsion, des structures de résistance et du développement des infrastructures. Comme pour tout dispositif de transport révolutionnaire, la voie vers la conscience est semée d'embûches, mais surmonter ces défis est essentiel pour transformer le concept de l'Hyperloop en un système de transport viable et durable. Ingénieurs et concepteurs continueront de repousser les limites de la technologie et de la créativité pour concrétiser cette vision audacieuse, façonnant ainsi l'avenir du voyage pour les générations futures.

7.3. Obstacles financiers et juridiques

La réussite de la mise en œuvre du système Hyperloop, comme tout projet d'infrastructure de grande envergure, se heurte à d'importants défis financiers et juridiques. Ces conditions difficiles impactent non seulement le développement de la technologie, mais aussi son adoption massive et sa pérennité à long terme. Il est essentiel de surmonter ces obstacles financiers et juridiques pour garantir la réussite du projet et, à terme, transformer les réseaux de transport mondiaux.

L'un des obstacles économiques les plus importants à la réalisation de l'Hyperloop réside dans l'ampleur des investissements initiaux nécessaires. La construction de l'infrastructure de l'Hyperloop – comprenant des tubes à vide, des voies ferrées étendues ou souterraines, des stations et autres centres de soutien – nécessite des milliards de dollars. Ce coût initial peut être prohibitif, et le développement de ce type d'infrastructure moderne nécessite des investissements considérables. Les importantes ressources financières nécessaires aux études, à la conception, aux essais et à la construction des structures de l'Hyperloop constituent un obstacle majeur pour les investisseurs privés comme publics.

Les constructeurs d'Hyperloop, ainsi que des groupes privés comme Virgin Hyperloop et The Boring Company d'Elon Musk, recherchent activement des investissements auprès des secteurs public et privé. Les investissements publics jouent un rôle crucial, car le secteur public est généralement plus enclin à investir dans des projets à haut risque et à long terme, porteurs de vastes bénéfices pour la société. Cependant, obtenir des investissements publics pour les nouvelles technologies est un processus complexe, qui nécessite un soutien politique, une allocation budgétaire et un alignement sur les objectifs de politique publique.

Les investisseurs exigent également l'assurance qu'Hyperloop offrira un retour sur investissement à terme, ce qui suscite des inquiétudes quant à la viabilité financière du dispositif. La rentabilité est incertaine, notamment compte tenu du long délai de développement et de déploiement de la production et du risque de dépassement de coûts. De plus, les systèmes de transport concurrents, tels que les trains à grande vitesse, le transport aérien traditionnel et les moteurs autonomes, présentent également des risques économiques, car ces solutions ont lié les infrastructures et la clientèle.

Pour relever ces défis économiques, la communauté de développement de l'Hyperloop doit explorer de nombreux modèles de financement, notamment les partenariats public-privé, le capital-risque et les collaborations internationales. De plus, les gouvernements et les entreprises privées doivent trouver des moyens de réduire le coût global de la création d'infrastructures, notamment en recourant à des conceptions modulaires, en réduisant les coûts de main-d'œuvre ou en exploitant les réseaux de transport existants.

Même si l'investissement initial est assuré, la viabilité financière à long terme d'Hyperloop constitue une difficulté majeure. Hyperloop, comme tout dispositif de transport à grande échelle, doit fonctionner efficacement et durablement sur de nombreuses années, et assurer sa rentabilité durable nécessite une planification financière prudente.

Les dépenses d'exploitation, ainsi que celles liées à la maintenance, à la consommation d'énergie et au personnel, doivent être soigneusement gérées pour garantir la viabilité du dispositif. De plus, le prix des billets doit être compétitif par rapport aux autres modes de transport, tout en étant suffisant pour couvrir les coûts d'exploitation et de maintenance. Si le coût d'exploitation de l'Hyperloop est trop élevé, il peut être relégué à un marché de niche ou entrer en conflit avec l'adoption massive.

De plus, l'impact de l'Hyperloop sur les infrastructures et les industries de transport actuelles doit être pris en compte. Par exemple, les secteurs ferroviaire et aérien traditionnels pourraient également résister, voire être mis à mal, par l'introduction d'une telle ère disruptive. Cela devrait engendrer des litiges pénaux et des tensions financières, en particulier dans les secteurs où les industries implantées sont politiquement efficaces.

Au-delà des obstacles économiques, le contexte juridique et réglementaire pose des défis considérables au développement d'Hyperloop. L'appareil nécessitant un déplacement à grande vitesse dans un environnement sous vide, il doit respecter de nombreuses politiques de sécurité, environnementales et opérationnelles. Chaque pays ou région où Hyperloop est déployé possède son propre cadre juridique, créant un réseau complexe d'exigences de conformité.

L'une des principales préoccupations liées à une infraction pénale est la sécurité des passagers. Compte tenu des vitesses excessives auxquelles les modules Hyperloop peuvent circuler, des blessures ou des dysfonctionnements, bien que peu probables, pourraient avoir des conséquences catastrophiques. Un cadre juridique doit être établi pour garantir que l'Hyperloop respecte les normes de sécurité les plus strictes, notamment des essais approfondis, une certification et des inspections régulières.

Les lois sur la responsabilité civile doivent également être adaptées aux risques spécifiques liés à Hyperloop. En cas de coïncidence, déterminer la responsabilité à cet égard – qu'il s'agisse de la conception, de la production, de l'exploitation ou de la maintenance de l'appareil – nécessitera probablement de nouveaux précédents en matière pénale et des modifications des lois actuelles sur la responsabilité civile. Les organisations Hyperloop devront investir dans une assurance responsabilité civile et collaborer avec les gouvernements pour créer un cadre juridique protégeant à la fois les exploitants et les passagers.

Les structures Hyperloop pourraient également être soumises à de nombreuses réglementations environnementales, notamment en matière d'aménagement du territoire. La construction de tubes à vide massifs et de voies ferrées étendues nécessiterait l'acquisition de vastes étendues de terrain, situées dans des zones densément peuplées ou écologiquement sensibles. Les promoteurs devront se familiariser avec des lois de zonage complexes, des études d'impact environnemental et des réglementations locales pour sécuriser les terrains nécessaires à l'installation du dispositif.

De plus, l'impact environnemental de l'Hyperloop lui-même doit être évalué. Bien que l'Hyperloop soit présenté comme une alternative écologique aux transports conventionnels, les préoccupations concernant son impact sur la faune, la qualité de l'air et la pollution sonore devront être prises en compte. Les organismes de réglementation exigeront des études d'impact environnemental approfondies afin de garantir que le projet n'entraîne pas de dommages irréversibles aux écosystèmes ou aux populations.

Obtenir l'approbation des gouvernements pour les projets Hyperloop est un processus complexe et chronophage. Les gouvernements doivent être convaincus des avantages à long terme du dispositif, non seulement en termes de transport, mais aussi dans des domaines tels que le développement économique, la création d'emplois et la durabilité environnementale. Cela nécessite une harmonisation avec les besoins nationaux en infrastructures, les politiques de transport et les objectifs financiers.

De plus, l'objectif d'Hyperloop étant de relier des villes sur de longues distances, une collaboration internationale s'avère essentielle. Des accords juridiques doivent être négociés entre les pays concernant l'utilisation des terres, les normes de sécurité, les systèmes douaniers et l'intégration des infrastructures. Des situations politiques complexes peuvent survenir, notamment face à des régimes réglementaires divergents ou à des priorités de transport concurrentes.

Les obstacles financiers et juridiques au développement de l'Hyperloop sont importants, mais pas insurmontables. Surmonter ces défis nécessitera des solutions innovantes, un soutien politique fort et une collaboration entre les secteurs public et privé. Un soutien financier doit être assuré pour couvrir l'investissement initial et les coûts d'exploitation courants, tandis que les cadres juridiques doivent évoluer pour répondre aux risques et défis spécifiques posés par ce nouveau système de transport. Alors que l'Hyperloop continue de passer du concept à la réalité, la résolution de ces difficultés financières et juridiques sera cruciale pour garantir le déploiement réussi de la technologie et sa pérennité.

7.4. Protocoles de sécurité et d'urgence

La protection du dispositif Hyperloop est primordiale, compte tenu des vitesses sans précédent et des nouvelles technologies impliquées dans ce mode de transport moderne. Les protocoles de sécurité et d'urgence sont soigneusement conçus pour répondre aux risques opérationnels habituels et aux situations critiques inattendues, afin de protéger les passagers, l'équipage et les infrastructures tout en préservant la confiance du public.

Les médicaments Hyperloop fonctionnent dans des tubes sous vide quasi total, à l'abri des facteurs environnementaux externes tels que les intempéries, les débris ou la faune. Cet environnement contrôlé réduit intrinsèquement de nombreux risques classiques rencontrés par d'autres modes de transport. Cependant, les vitesses élevées et la nature confinée des tubes posent des défis spécifiques qui nécessitent des structures de protection de pointe. Par exemple, il est essentiel de préserver l'intégrité structurelle des tubes sous vide; des substances avancées à haute durabilité et un suivi en temps réel de l'état de santé de la structure garantissent une détection précoce de toute faiblesse ou brèche de capacité.

L'un des piliers de la sécurité d'Hyperloop réside dans son réseau complet de capteurs et ses structures de commande automatisées. La surveillance constante de la pression des tubes, de la position de la capsule, de la vitesse et des paramètres environnementaux permet une détection instantanée des anomalies. En cas d'irrégularités, des protocoles automatisés peuvent provoquer une décélération contrôlée, réacheminer les médicaments ou les arrêter en toute sécurité. Ces systèmes minimisent les erreurs humaines et permettent des interventions rapides et spécifiques, dépassant les capacités humaines, augmentant ainsi les marges de sécurité habituelles.

Les protocoles d'urgence sont perfectionnés pour couvrir un large éventail de situations, des pannes techniques mineures aux incidents plus graves comme la dépressurisation des tubes ou le dysfonctionnement des comprimés. Des couches de protection redondantes garantissent la résilience des appareils, notamment des systèmes de freinage multiples, des composants de secours et des valves à sécurité intégrée capables d'isoler les sections de tubes en cas de perte de pression. Les passagers sont protégés par des systèmes de protection renforcés capables de supporter les variations de pression et équipés de systèmes de maintien en vie pour maintenir une atmosphère respirable et un confort optimal en cas d'urgence.

Les stratégies d'évacuation ont été une priorité lors de l'aménagement. Contrairement aux trains ou avions traditionnels, où les passagers peuvent évacuer immédiatement les voies ou les pistes, les plateformes Hyperloop fonctionnent dans des tubes internes scellés, ce qui complique leur évacuation rapide. Pour y remédier, des sorties d'urgence sont prévues à intervalles réguliers le long des tubes, avec un accès sécurisé aux tunnels et aux sas de sécurité. Les capsules sont conçues pour s'arrimer à ces postes d'urgence, où les passagers peuvent être transférés et évacués efficacement. De plus, des véhicules de secours capables de naviguer à l'intérieur des tubes peuvent être déployés en cas de besoin.

La formation du personnel et la communication avec les passagers sont essentielles aux protocoles de sécurité. Les opérateurs suivent une formation rigoureuse pour gérer les opérations courantes et les situations d'urgence, appuyée par des exercices de simulation. Les passagers reçoivent des instructions claires et ont accès aux informations d'urgence via les structures à bord, garantissant ainsi des interventions calmes et coordonnées en cas d'incident.

Les normes réglementaires relatives à la sécurité de l'Hyperloop évoluent au rythme du développement technologique. La collaboration entre les gouvernements, les agences internationales et les acteurs du secteur privé vise à établir des cadres complets définissant des critères rigoureux de conception, d'essai et d'exploitation. Ces exigences protègent non seulement les utilisateurs, mais renforcent également la confiance du public et l'approbation réglementaire, essentielles à une adoption réussie.

Les protocoles de protection et d'urgence d'Hyperloop s'appuient sur une technologie de pointe, une redondance et une planification rigoureuse pour gérer les risques spécifiques du transport sous vide à très grande vitesse. Du suivi en temps réel aux conceptions structurelles robustes et aux techniques d'évacuation d'urgence, chaque composant est conçu pour privilégier le bien-être des passagers et la résilience des équipements. À mesure qu'Hyperloop se rapproche de sa phase opérationnelle, ses systèmes de sécurité resteront conformes, établissant de nouveaux paradigmes pour un transport stable et fiable à l'ère de la technologie de pointe.

CHAPITRE 8

L'avenir de l'Hyperloop: potentiel et investissement

8.1. Applications futures de l'Hyperloop

En tant que technologie de transport de pointe, Hyperloop a le potentiel de révolutionner non seulement le transport de passagers, mais aussi le transport de marchandises, l'urbanisme et les échanges internationaux. Sa conception à grande vitesse, à faible résistance et respectueuse de l'environnement ouvre de nouvelles perspectives pour des solutions qui transformeront les industries, les économies et la vie quotidienne à travers le monde. Le concept Hyperloop va au-delà du simple remplacement des trains ou des moteurs conventionnels; il est en passe de transformer le paysage des infrastructures de transport et de l'interconnectivité. Nous découvrons ici les solutions d'avenir d'Hyperloop, soulignant son potentiel à transformer divers secteurs et à répondre à la demande croissante de systèmes de transport plus efficaces, durables et économiques.

L'utilité principale et la plus largement anticipée de l'Hyperloop réside dans le transport interurbain à grande vitesse. En reliant les principales villes à des vitesses quasi supersoniques – potentiellement supérieures à 1 100 kilomètres par heure –, l'Hyperloop devrait réduire considérablement les temps de trajet entre des régions métropolitaines actuellement distantes de plusieurs heures en voiture ou en train.

Par exemple, Hyperloop devrait relier des villes comme Los Angeles et San Francisco en seulement une demi-heure, contre six heures en électricité ou deux heures en avion. Cela devrait considérablement améliorer les interactions commerciales, le tourisme et les déplacements quotidiens entre des régions actuellement séparées par de longs trajets. La possibilité de rendre les voyages longue distance plus pratiques, économiques et efficaces pourrait également favoriser la décentralisation des populations, réduisant la surpopulation dans les centres urbains de base tout en favorisant la croissance économique des villes et des communes plus petites.

Au-delà des trajets interurbains longue distance, Hyperloop devrait jouer un rôle transformateur dans l'amélioration de la connectivité périurbaine et régionale. Pour les villes confrontées à des embouteillages et à des espaces restreints pour leur développement, les systèmes Hyperloop devraient offrir une solution pour atténuer l'étalement urbain et offrir aux voyageurs un moyen rapide et efficace de se déplacer entre les zones périurbaines et les centres urbains. La possibilité de construire des lignes souterraines ou prolongées pourrait permettre l'intégration d'Hyperloop dans les paysages urbains existants sans perturber les infrastructures de surface.

Dans les régions où les réseaux de transports publics actuels sont insuffisants, Hyperloop pourrait offrir une alternative rapide et performante aux bus et aux trains, réduisant les temps de trajet et offrant un mode de transport plus fiable. Avec des coûts d'exploitation inférieurs à ceux des systèmes traditionnels, il pourrait constituer une alternative viable aux autoroutes et aux voies ferrées de plus en plus encombrées dans de nombreuses régions du monde.

Si l'intérêt se porte principalement sur le transport de passagers, la technologie Hyperloop est prometteuse pour les secteurs du fret et de la logistique. Exploitant un système de tubes sous vide à haute vitesse et à faible résistance, Hyperloop permet de transporter efficacement des marchandises sur de longues distances. Les modules Hyperloop Cargo peuvent voyager à des vitesses similaires à celles des solutions de fret aérien de pointe, mais à un coût bien inférieur, offrant ainsi une combinaison inégalée de vitesse, de performances et d'accessibilité.

Ce mode de transport rapide et sécurisé devrait réduire les délais de transport de quelques jours à quelques heures, transformant ainsi probablement les chaînes d'approvisionnement mondiales. L'Hyperloop pourrait être particulièrement utile pour les livraisons urgentes, notamment de denrées périssables, de médicaments sur ordonnance et de produits coûteux. Il pourrait également réduire l'empreinte environnementale du transport de marchandises, offrant une solution plus durable que les modes de transport traditionnels comme le camion et l'avion, qui dépendent davantage des combustibles fossiles.

À mesure que les zones urbaines continuent de croître et d'évoluer, Hyperloop peut devenir un élément essentiel des projets de villes intelligentes. Les villes intelligentes utilisent des technologies interconnectées et des systèmes statistiques pour optimiser la circulation des personnes, des biens et des informations. La vitesse et l'efficacité d'Hyperloop s'inscrivent parfaitement dans les objectifs des villes intelligentes, car il pourrait offrir une solution rapide et durable aux problèmes de mobilité urbaine.

Les stations Hyperloop pourraient être intégrées aux infrastructures de transport existantes, telles que les bus, les métros et les tramways, créant ainsi des réseaux multimodaux fluides pour les usagers urbains. De plus, les capacités d'enregistrement en temps réel des villes intelligentes pourraient enrichir l'expérience Hyperloop, en fournissant aux passagers des informations actualisées sur les horaires de trajet, la localisation des appareils et les retards. Hyperloop devrait devenir un élément clé des infrastructures de mobilité urbaine, offrant une alternative rapide aux autres modes de transport public, tout en réduisant les embouteillages et en améliorant la qualité de l'air.

Le potentiel de l'Hyperloop dépasse les frontières nationales: son architecture à grande vitesse et à faible coût devrait faciliter les voyages et la connectivité internationaux d'une manière jusqu'alors inédite. La possibilité de voyager d'un pays à l'autre en quelques heures seulement aurait un impact profond sur le développement international, le tourisme et les échanges culturels. Par exemple, l'Hyperloop devrait offrir une alternative plus économique et plus respectueuse de l'environnement aux vols long-courriers, notamment pour les pays entretenant des liens économiques forts et une proximité géographique.

Un réseau Hyperloop international pourrait relier les principaux hubs répartis sur plusieurs continents, permettant ainsi des déplacements rapides entre des villes comme New York, Londres et Dubaï. À mesure que la technologie mûrit et que les systèmes sont intégrés à l'échelle internationale, cela pourrait ouvrir une nouvelle ère de connectivité mondiale, renforçant la collaboration financière, favorisant les échanges internationaux et facilitant l'accès à différentes cultures et régions.

Les avantages environnementaux d'Hyperloop vont au-delà de la réduction des émissions liées au transport de passagers. En tant que solution énergétique douce, Hyperloop pourrait jouer un rôle essentiel dans la dynamique mondiale en faveur du développement durable. Grâce à sa faible dépendance aux combustibles fossiles et à sa capacité à fonctionner grâce à des sources d'électricité renouvelables comme le soleil et l'éolien, Hyperloop pourrait contribuer à réduire l'empreinte carbone globale du secteur des transports, considéré comme l'un des principaux acteurs du changement climatique.

De plus, Hyperloop devrait s'associer à d'autres technologies de transport durable, notamment les véhicules électriques et les réseaux d'énergie renouvelable, pour créer un environnement de transport global et sobre en carbone. Le caractère écologique d'Hyperloop pourrait inciter les autorités à soutenir le projet et à financer des projets publics, notamment à l'heure où les gouvernements du secteur intensifient leurs efforts pour lutter contre le changement climatique.

Le tourisme pourrait être transformé par la création d'Hyperloop, permettant aux vacanciers d'accéder facilement à des destinations lointaines en une fraction du temps actuel. Par exemple, les touristes européens pourraient souhaiter voyager facilement entre des villes importantes comme Paris, Rome et Barcelone, en une ou deux heures. Cela permettrait des escapades de week-end vers plusieurs destinations, favorisant ainsi le développement du tourisme dans des régions autrefois difficiles d'accès en un seul trajet.

De plus, Hyperloop devrait ouvrir de nouvelles perspectives de voyages de loisirs vers des destinations plus reculées ou moins prisées, contribuant ainsi à promouvoir un tourisme durable dans des régions souvent délaissées par les réseaux de transport traditionnels. Cela devrait stimuler la croissance économique dans les zones moins développées et permettre une répartition équitable des retombées touristiques dans des régions plus vastes.

Hyperloop pourrait également contribuer à faciliter l'accès aux spatioports pour les voyages suborbitaux et interplanétaires. Alors que des entreprises comme SpaceX et Blue Origin développent le tourisme spatial et les technologies d'exploration spatiale, le besoin d'un transport rapide et efficace vers les spatioports devient de plus en plus crucial. Hyperloop devrait offrir un moyen rapide et économique d'acheminer les passagers vers les spatioports pour leurs voyages, améliorant ainsi l'efficacité des opérations de transport spatial.

L'intégration de l'Hyperloop aux spatioports pourrait également réduire le besoin d'infrastructures aéroportuaires conventionnelles, permettant une approche plus rationalisée et futuriste du tourisme spatial. Cela pourrait rendre les voyages spatiaux plus accessibles et abordables, et développer ainsi un nouveau mode de transport au-delà de l'environnement terrestre.

Les projets potentiels d'Hyperloop vont bien au-delà de sa vision initiale de transport interurbain à grande vitesse. Sa capacité à améliorer la connectivité internationale, à rationaliser le transport de marchandises, à contribuer à la durabilité environnementale et à s'intégrer aux technologies émergentes comme les transports spatiaux et les villes intelligentes en fait l'un des projets les plus prometteurs du XXIe siècle. À mesure que la technologie évolue, l'avenir d'Hyperloop devrait transformer des secteurs entiers, créer de nouvelles opportunités économiques et transformer nos modes de déplacement à travers le monde. Sa mise en œuvre réussie pourrait révolutionner les transports, en offrant des solutions plus rapides, plus durables et plus rentables pour les personnes et les marchandises, tout en renforçant l'interconnexion de notre société mondiale.

8.2. Investisseurs et collaborations mondiales

La concrétisation de la technologie Hyperloop ne repose pas uniquement sur l'innovation et les avancées techniques, mais aussi sur la mobilisation d'investissements solides et le développement de collaborations stratégiques mondiales. Compte tenu de l'ampleur des investissements nécessaires au développement des infrastructures et des opportunités de marché potentielles, l'avenir d'Hyperloop dépend étroitement du soutien des investisseurs privés, des initiatives gouvernementales et des partenariats internationaux.

L'investissement privé joue un rôle essentiel dans le développement de toute technologie émergente, en particulier une technologie aussi ambitieuse que l'Hyperloop. S'agissant d'un projet à long terme, aux coûts initiaux élevés et aux délais incertains, l'obtention de financements auprès d'investisseurs est essentielle pour mener à bien les phases de recherche, de développement et de tests. Le secteur privé, notamment les sociétés de capital-risque, les business angels et les grandes entreprises, manifeste un intérêt croissant pour le concept d'Hyperloop en raison de son potentiel disruptif et de sa capacité à redéfinir les transports.

Plusieurs entreprises de premier plan ont déjà investi massivement dans le développement de la technologie Hyperloop. Par exemple, Virgin Hyperloop, soutenue par le groupe Virgin de Richard Branson, a activement participé au développement de prototypes, à la réalisation de tests et au processus d'approbation réglementaire dans divers pays. Outre Virgin Hyperloop, The Boring Company d'Elon Musk et d'autres startups ont réalisé des progrès significatifs dans le perfectionnement de la technologie. Cet investissement est non seulement financier, mais aussi stratégique, les investisseurs cherchant à capitaliser sur le secteur émergent des transports, dont la valeur devrait se chiffrer en milliards dans les décennies à venir.

Par ailleurs, les investissements dans Hyperloop sont perçus comme des opportunités de diversification des portefeuilles dans les secteurs en pleine croissance des énergies propres, des infrastructures durables et des solutions de mobilité de pointe. Alors que le changement climatique et les préoccupations environnementales occupent une place centrale dans les débats politiques mondiaux, les entreprises qui privilégient la durabilité et les technologies à faibles émissions sont susceptibles d'attirer des investissements, notamment de la part d'entreprises et de particuliers souhaitant soutenir l'innovation verte.

Si les investissements privés sont essentiels, l'implication des gouvernements est tout aussi essentielle pour les projets d'infrastructures de grande envergure tels que l'Hyperloop. Les gouvernements peuvent fournir des financements, un soutien réglementaire et un accès aux infrastructures publiques, autant d'éléments indispensables pour faciliter le déploiement à grande échelle des systèmes Hyperloop. Le coût de construction des métros, stations et autres infrastructures nécessaires est astronomique, ce qui fait du financement public un levier essentiel.

Les partenariats public-privé (PPP) ont déjà été proposés comme modèle potentiel pour financer et développer les systèmes Hyperloop. En collaborant, gouvernements et entreprises privées peuvent partager la charge financière et les bénéfices. Les gouvernements peuvent fournir l'accès au foncier, les autorisations réglementaires et les données sur les transports publics, tandis que les investisseurs privés apportent l'expertise technique et le capital financier nécessaires au développement des systèmes. Ces collaborations peuvent contribuer à minimiser les risques associés aux projets d'infrastructures de grande envergure et fournir le soutien nécessaire au déploiement à grande échelle d'Hyperloop.

Plusieurs gouvernements du monde entier ont exprimé leur intérêt à collaborer avec les entreprises Hyperloop pour introduire cette technologie dans leurs régions. Par exemple, l'Inde, les Émirats arabes unis (EAU) et les États-Unis ont tous manifesté leur enthousiasme à l'idée d'explorer les systèmes Hyperloop dans le cadre de leurs projets d'infrastructures de transport. Dans de nombreux cas, les gouvernements offrent des mesures incitatives, telles que des subventions et des allégements fiscaux, pour encourager les investissements dans le développement et la mise en œuvre de la technologie Hyperloop.

La technologie Hyperloop est un domaine hautement interdisciplinaire qui requiert une expertise dans divers domaines, notamment l'ingénierie, la physique, la science des matériaux et la planification des transports. Pour exploiter pleinement le potentiel de l'Hyperloop, des collaborations mondiales en recherche et développement (R&D) sont essentielles. Ces partenariats permettent de partager les connaissances, de mutualiser les ressources et d'accélérer les progrès pour relever les défis technologiques liés à la construction d'un système Hyperloop pleinement fonctionnel.

Les collaborations entre universités, instituts de recherche et entreprises privées joueront un rôle essentiel dans l'amélioration de la technologie et sa viabilité commerciale. Par exemple, les établissements universitaires pourront contribuer à la recherche sur les systèmes de propulsion avancés, les solutions de stockage d'énergie et les matériaux capables de résister aux conditions extrêmes à l'intérieur des tubes Hyperloop. Les entreprises privées, quant à elles, pourront apporter leurs connaissances pratiques et leur expertise concrète en matière de conception, de fabrication et de tests de systèmes.

La collaboration internationale sera également essentielle pour relever les défis logistiques et réglementaires complexes liés à la mise en œuvre transfrontalière des systèmes Hyperloop. Pour garantir l'efficacité et la sécurité du système Hyperloop dans différents pays, les parties prenantes doivent se coordonner sur des questions telles que les normes de sécurité, les réglementations environnementales et les politiques d'aménagement du territoire. Une coopération mondiale sera également nécessaire pour concevoir et construire des réseaux Hyperloop transfrontaliers, notamment pour les systèmes reliant plusieurs pays ou continents.

Au-delà des collaborations gouvernementales et universitaires, des partenariats stratégiques avec des acteurs clés d'autres secteurs seront essentiels au développement d'Hyperloop. Le secteur de la construction et de l'ingénierie est l'un des principaux bénéficiaires de la collaboration avec les entreprises du projet Hyperloop. La construction des infrastructures nécessaires aux systèmes Hyperloop nécessitera des travaux de construction considérables, notamment l'aménagement de tunnels souterrains, de stations et d'installations de soutien. Les partenariats stratégiques avec les entreprises de construction permettront de réduire les coûts, d'améliorer l'efficacité de la construction et de garantir les plus hauts niveaux de sécurité pendant le processus de construction.

De plus, les partenariats avec les fournisseurs d'énergie seront essentiels, car les systèmes Hyperloop nécessiteront une quantité importante d'électricité pour fonctionner. La durabilité étant un élément clé de la conception d'Hyperloop, la collaboration avec les fournisseurs d'énergie renouvelable sera cruciale pour alimenter le système de manière respectueuse de l'environnement. En intégrant l'énergie solaire, éolienne et d'autres sources d'énergie renouvelables, les systèmes Hyperloop pourront devenir autonomes et réduire davantage leur empreinte carbone.

Les entreprises du projet Hyperloop pourraient également devoir s'allier à des entreprises technologiques spécialisées en intelligence artificielle, en apprentissage automatique et en automatisation. Ces technologies seront essentielles au bon fonctionnement des systèmes Hyperloop, de la gestion des flux de passagers et de la planification à l'optimisation de la consommation énergétique et au suivi des performances du système en temps réel. La collaboration avec des entreprises spécialisées en cybersécurité sera également nécessaire pour protéger le système des cybermenaces et garantir des voyages sûrs et sécurisés pour tous les passagers.

À mesure que l'Hyperloop passe du prototype à la réalité, sa capacité à se développer à l' échelle mondiale dépendra de l'implication des multinationales (MNC) capables de faciliter sa croissance dans différentes régions. Ces entreprises apportent les réseaux mondiaux, les capitaux et l'infrastructure nécessaires pour déployer la technologie Hyperloop au-delà de quelques marchés spécifiques.

Par exemple, les grandes sociétés d'ingénierie, les banques internationales et les géants de la technologie peuvent contribuer au financement, à la construction et au déploiement des systèmes Hyperloop dans le monde entier. En s'associant à ces entreprises, les acteurs du secteur peuvent tirer parti de l'infrastructure, des chaînes d'approvisionnement et de la connaissance du marché existantes pour accélérer le déploiement du système dans les régions à forte demande de transport. Les multinationales présentes dans plusieurs pays joueront également un rôle essentiel pour s'y retrouver dans les environnements réglementaires et commerciaux complexes des différentes régions du monde.

Grâce à son expansion internationale, Hyperloop peut devenir une solution globale aux défis du transport, permettant aux personnes et aux marchandises de circuler plus rapidement et plus efficacement au-delà des frontières. À mesure que davantage de pays et de régions investissent dans cette technologie, le réseau de systèmes Hyperloop s'étendra, créant ainsi un monde véritablement interconnecté.

Le développement et la mise en œuvre de la technologie Hyperloop dépendront d'un large éventail d'investissements et de collaborations mondiales. Investisseurs privés, gouvernements, instituts de recherche et multinationales jouent tous un rôle essentiel dans le succès de ce système de transport révolutionnaire. En mutualisant leurs ressources, leurs connaissances et leur expertise, les parties prenantes pourront surmonter les défis technologiques, financiers et réglementaires qui entravent l'adoption généralisée de l'Hyperloop. En fin de compte, la force de ces collaborations mondiales déterminera si Hyperloop pourra atteindre son plein potentiel et devenir un acteur de transformation pour l'avenir des transports.

8.3. Le rôle de l'Hyperloop dans l'économie mondiale

En tant que système de transport révolutionnaire, Hyperloop a le potentiel d'influencer profondément l'économie mondiale. En réduisant considérablement les temps de trajet, en diminuant les coûts et en améliorant l'efficacité, Hyperloop peut transformer non seulement le secteur des transports, mais aussi des secteurs allant de la logistique et de l'industrie manufacturière au tourisme et à l'immobilier.

L'introduction de la technologie Hyperloop ouvrira de nouveaux débouchés dans divers secteurs. L'un des effets les plus significatifs de l'Hyperloop sera sa capacité à stimuler la croissance économique en améliorant la connectivité interrégionale, facilitant ainsi la circulation des personnes et des marchandises. Le potentiel d'Hyperloop à réduire les temps de transport entre les grandes villes et les pôles industriels pourrait accroître la productivité et ouvrir des marchés jusqu'alors inexploités.

En reliant plus efficacement des zones géographiquement éloignées, Hyperloop pourrait favoriser l'émergence de nouveaux pôles économiques. Ces régions économiques interconnectées bénéficieraient du partage des ressources, de la main-d'œuvre et de l'expertise, créant ainsi une économie mondiale plus intégrée. La rapidité de livraison des biens et services révolutionnera les chaînes d'approvisionnement mondiales, créant un marché plus dynamique et plus flexible. Des délais de transit plus courts se traduiront par une livraison plus rapide des produits, une réduction des coûts de stockage et une efficacité accrue, notamment dans des secteurs comme l'industrie manufacturière, la vente au détail et l'agriculture.

De plus, la construction et l'exploitation des systèmes Hyperloop généreraient une activité économique significative. Les projets d'infrastructures nécessaires à la construction des tubes, des stations et des systèmes connexes créeraient des emplois et stimuleraient l'investissement dans les économies locales. Une fois opérationnel, le système Hyperloop stimulerait la croissance économique en améliorant l'accès au marché du travail, permettant ainsi aux entreprises d'accéder à un plus large vivier de talents.

La capacité d'Hyperloop à réduire considérablement les temps de trajet entre les villes et les pays pourrait transformer le commerce international. En reliant les principaux pôles commerciaux en quelques heures au lieu de plusieurs jours, il sera possible d'expédier des marchandises plus rapidement et plus efficacement, fluidifiant ainsi le commerce transfrontalier. Les entreprises pourront ainsi réduire leurs coûts, rationaliser leur logistique et ouvrir de nouvelles perspectives d' expansion mondiale.

La circulation rapide des biens et des services créera également de nouvelles opportunités de collaboration internationale. Grâce à des temps de transit plus courts, les pays et régions jusqu'alors économiquement isolés en raison de la distance ou de l'inefficacité des transports pourront s'intégrer à la chaîne d'approvisionnement mondiale. L'Hyperloop pourrait réduire les coûts de transport, ce qui, à son tour, se traduira par des produits moins chers pour les consommateurs et une meilleure rentabilité pour les entreprises engagées dans le commerce international.

Hyperloop pourrait également jouer un rôle crucial dans le développement du e-commerce mondial. En permettant une livraison rapide et fiable des marchandises sur de longues distances, il pourrait améliorer l'efficacité du réseau logistique mondial, offrant aux consommateurs un accès plus rapide à une gamme plus large de produits. La demande d'infrastructures de transport à grande vitesse qui en résulterait profiterait non seulement aux fabricants et aux détaillants, mais aussi aux entreprises de logistique spécialisées dans le transport de marchandises entre pays et continents.

Hyperloop pourrait transformer considérablement l'industrie du tourisme en rendant les voyages plus accessibles et abordables. Ses liaisons à haut débit entre les grandes villes permettraient aux touristes de voyager rapidement et facilement, ouvrant ainsi de nouvelles possibilités de destinations de vacances. La possibilité d'atteindre facilement des régions éloignées encouragerait davantage de personnes à explorer différents pays et cultures, stimulant ainsi le tourisme international et augmentant les dépenses dans les secteurs de l'hôtellerie, du divertissement et du voyage.

Pour les voyageurs d'affaires, Hyperloop permettrait d'assister à des réunions, des conférences et des événements interrégionaux sans les contraintes de temps généralement associées aux longs trajets aériens. Les cadres et les professionnels pourraient notamment gagner un temps précieux en se déplaçant rapidement d'une ville à l'autre pour des trajets courts, augmentant ainsi leur productivité et améliorant l'efficacité de leurs opérations. Cette mobilité accrue pourrait stimuler l'activité économique, notamment dans des secteurs comme les conférences, les salons professionnels et les services professionnels.

L'influence d'Hyperloop sur la mobilité s'étendra au-delà des voyages d'agrément et d'affaires. À mesure que les personnes et les marchandises se déplaceront à des vitesses toujours plus élevées, le système favorisera les échanges d'idées, d'innovation et de connaissances à l' échelle mondiale. Hyperloop servira de catalyseur aux échanges culturels, économiques et technologiques, accélérant la circulation mondiale d'informations et d'idées, essentielle au progrès continu du XXIe siècle.

L'introduction de la technologie Hyperloop créera de nouveaux emplois dans de nombreux secteurs, allant des transports et de la construction à l'ingénierie et aux technologies. La construction de l'infrastructure Hyperloop générerait des milliers d'emplois à court terme, car une main-d'œuvre qualifiée sera nécessaire pour le creusement des tunnels, la construction des stations et l'installation des systèmes. Ces emplois généreraient non seulement des retombées économiques pour les régions où les systèmes Hyperloop sont construits, mais stimuleraient également la croissance des industries connexes, telles que les fournisseurs de matériaux, l'industrie manufacturière et les services technologiques.

Une fois opérationnels, les systèmes Hyperloop nécessiteront des postes variés, notamment des ingénieurs, du personnel de maintenance, du personnel de sécurité et des représentants du service client. De plus, la généralisation de l'Hyperloop pourrait entraîner une augmentation de la demande de professionnels dans les domaines de l'intelligence artificielle, de l'analyse de données, de la cybersécurité et de la gestion des transports, ces technologies étant essentielles au bon fonctionnement des systèmes Hyperloop.

L'un des aspects clés de l'impact potentiel d'Hyperloop sur l'économie mondiale réside dans sa capacité à transformer la main-d'œuvre. L'accès accru aux transports à grande vitesse réduirait les barrières géographiques à l'emploi. Les travailleurs pourraient ainsi parcourir de plus longues distances, voire déménager, sans les contraintes de temps et de coût liées aux transports traditionnels. Cela pourrait se traduire par une main-d'œuvre plus flexible et mobile, capable de contribuer à un large éventail de secteurs et d'activités économiques.

Le potentiel de l'Hyperloop à révolutionner les transports influencera la compétitivité mondiale en offrant aux premiers utilisateurs un avantage concurrentiel dans l'économie mondiale. Les pays et les entreprises qui investissent tôt dans la technologie et les infrastructures de l'Hyperloop bénéficieront d'avantages considérables, notamment dans les secteurs dépendants de la logistique, de la technologie et du transport à grande vitesse. Ainsi, les pays pionniers dans le développement de l'Hyperloop pourraient bénéficier d'une augmentation des investissements directs étrangers et d'un meilleur positionnement économique sur la scène internationale.

Par ailleurs, la demande de technologies avancées et d'innovation dans le développement des systèmes Hyperloop stimulera de nouveaux progrès dans des secteurs tels que l'ingénierie, la robotique, la science des matériaux et les énergies renouvelables. À mesure que le secteur des transports évolue, Hyperloop servira de laboratoire pour de nouvelles technologies qui trouveront des applications de grande envergure dans d'autres secteurs, des villes intelligentes aux véhicules autonomes.

Le succès technologique et économique d'Hyperloop pourrait également favoriser une concurrence accrue entre les pays pour développer leurs propres systèmes de transport à grande vitesse, ce qui entraînerait une course mondiale à l'innovation dans les infrastructures et les technologies de transport. Cette concurrence pourrait stimuler des investissements supplémentaires dans la recherche et le développement et encourager des solutions plus efficaces et plus rentables aux défis du transport dans le monde.

L'économie mondiale bénéficiera grandement de l'adoption généralisée de la technologie Hyperloop. Sa capacité à dynamiser le commerce international, à créer des emplois et à améliorer l'efficacité dans divers secteurs aura un impact profond sur l'économie mondiale. Hyperloop a le potentiel de relier des régions éloignées, de promouvoir la collaboration mondiale et de stimuler la croissance économique dans tous les secteurs, transformant ainsi notre façon de concevoir la mobilité, les infrastructures et la compétitivité mondiale. À mesure que les nations et les entreprises collaboreront pour développer et mettre en œuvre les systèmes Hyperloop, son rôle dans l'avenir de l' économie mondiale continuera de s'accroître, créant de nouvelles opportunités et de nouveaux défis pour les générations futures.

8.4. Cadres réglementaires et normes mondiales

Alors que l'ère de l'Hyperloop passe de l'innovation conceptuelle au déploiement commercial, le respect de cadres réglementaires rigoureux et de normes internationales devient essentiel pour garantir son intégration sûre, efficace et équitable aux systèmes de transport du monde. Les caractéristiques spécifiques de l'Hyperloop – fonctionnement en environnement quasi-vide, utilisation de la propulsion électromagnétique et vitesses inégalées – posent des défis réglementaires que les lois et recommandations de transport les plus récentes ne parviennent pas à résoudre pleinement. L'élaboration de règles et d'exigences cohérentes et reconnues à l'échelle mondiale est essentielle pour favoriser l'acceptation du public, faciliter les opérations transfrontalières et promouvoir le développement durable de cette génération transformatrice.

Les cadres réglementaires de l'Hyperloop doivent prendre en compte un large éventail de facteurs, notamment la certification de sécurité, l'impact environnemental, les spécifications techniques et les protocoles opérationnels. Compte tenu de la nouveauté de cette ère, les régulateurs sont confrontés à la double mission de favoriser l'innovation tout en prévenant les risques énergétiques. Cela nécessite une collaboration entre les gouvernements, les leaders de l'industrie, les professionnels techniques et les organismes internationaux afin de créer des exigences souples mais rigoureuses. Ces cadres doivent concilier l'encouragement de la recherche et du financement avec la protection du bien-être des passagers et la durabilité environnementale.

La coopération internationale est particulièrement essentielle. Les itinéraires Hyperloop traverseront probablement plusieurs juridictions, ce qui nécessite des politiques harmonisées permettant des opérations fluides au-delà des frontières. Sans une telle harmonisation, les différences dans les exigences de sécurité, les codes de production ou les licences d'exploitation pourraient créer des obstacles, augmenter les coûts et retarder la mise en œuvre des projets. L'établissement de normes mondiales favorise également le partage de technologies et les coentreprises, accélérant ainsi le développement et le déploiement à l'échelle internationale.

Les principaux domaines abordés par les organismes de réglementation comprennent l'intégrité structurelle des tubes à vide, le contrôle des émissions électromagnétiques, les stratégies d'intervention d'urgence, la protection des données et les droits des passagers. Les normes relatives aux matériaux de fabrication, les calendriers de sécurité et la redondance des systèmes garantissent la fiabilité et la sécurité à long terme. Parallèlement, les réglementations environnementales visent à minimiser l'empreinte carbone, à préserver les habitats naturels lors du développement des infrastructures et à promouvoir une utilisation durable des matériaux.

La surveillance réglementaire s'étend au-delà de l'infrastructure physique et inclut les noms de domaine virtuels et opérationnels. Les protocoles de cybersécurité sont essentiels pour protéger les systèmes de contrôle automatisés qui gèrent les nacelles et les environnements de tubes Hyperloop. La transparence des rapports d'information et la surveillance garantissent la conformité et permettent un développement continu. De plus, les exigences d'accessibilité garantissent que les systèmes Hyperloop servent des populations diverses, y compris les personnes handicapées.

L'amélioration de ces cadres s'appuie sur des projets pilotes et des centres d'essai, qui fournissent des informations précieuses pour éclairer les décisions stratégiques. Les gouvernements et les organismes de réglementation collaborent souvent avec les développeurs d'Hyperloop à ces étapes, permettant ainsi une évaluation concrète des mesures de protection, des performances opérationnelles et des impacts environnementaux. Les enseignements tirés de ces essais guident l'affinement des exigences avant le déploiement industriel à grande échelle.

Les préoccupations économiques influencent également la réglementation. Les décideurs politiques doivent s'attaquer à des problèmes tels que la réglementation tarifaire, la concurrence avec les transporteurs actuels et les incitations aux pratiques durables. Des voies réglementaires claires réduisent l'incertitude des investissements et encouragent la participation du secteur privé. Parallèlement, des mécanismes de surveillance protègent les loisirs publics en prévenant les comportements monopolistiques et en garantissant un accès équitable.

L'établissement de cadres réglementaires et de normes internationales pour la technologie Hyperloop est une tâche complexe, mais cruciale. Elle nécessite une collaboration internationale, des directives adaptatives et une approche holistique couvrant les dimensions techniques, environnementales, opérationnelles et sociales. Grâce à une réglementation réfléchie, Hyperloop peut concrétiser efficacement et durablement sa capacité à révolutionner les transports à l'échelle mondiale, en favorisant l'innovation tout en préservant le bien-être des passagers et des collectivités.

LA RÉVOLUTION
HYPERLOOP

La Nouvelle ère du Voyage Terrestre

ISBN 9798307748251

9 798307 748251